365日満たされる！

今日からはじめる

# 自分軸恋愛

田邊 糸美

自由国民社

# はじめに

将来を考えられるような安定したお付き合いがしたい。

ジェットコースターみたいに不安に振り回される恋愛はもう疲れた。


ただシンプルに、お互いを大切にし合える安定したお付き合いをして、結婚に、将来に2人で一緒に向かっていける恋愛がしたい。なのにどうして上手くいかないんだろう。

自分なりに出会いを探したりもしてきた。でもいい出会いがない中、やっとの思いでパートナーができても、結婚どころか数ヶ月で別れることになったりする。いい感じだと思っていたのに、結局付き合うところまでいけないことも多い。付き合い始めても、最初は、俺も年齢的に将来を考えて付き合いたいと思っているよって言ってくれていたのに、結婚の話を思い切ってしてみたらはぐらかされたこともあった。

やっぱり、恋愛と結婚は別なのかな……。私には無理なのかな。周りの友達はもうみんな結婚していたり、安定したパートナーがいたりする。私のどこがダメなんだろう。

一体どうしたら信頼と安心のある恋愛・結婚ができるの？

この本を手に取ってくださったあなたも、こんな気持ちを少なからずお持ちなのではないでしょうか。

なぜあなたの恋愛や婚活は行き詰まってしまうのでしょう。

どうして結婚どころか数ヶ月で終わってしまったり、そもそもお付き合いに繋がらなかったり、または仲良くお付き合いしていたはずなのに、お付き合いのその先にたどり着けないのでしょうか?

あなたのどこかがダメだから?魅力が足りないから?

いいえ。最初に断言させてください。あなたにはダメなところなんてありません。

大好きと思えるパートナーに大切にされ、将来の話も、その他の大事な話も必要なときには話し合える。お互いが無理なく心地いいお付き合い、そしてその先の結婚にも向かっていける、そんな信頼と安心に包まれた恋愛・結婚は、本当は誰でも叶えていけるんです。

そのために必要なのはたったの2つだけ。

それは、2つのパートナーシップです。

パートナーシップとは簡単に言うと、信頼関係のことであり、お互いを結ぶ絆のこと。

1つめのパートナーシップは、今この文章を読んでくださっている《あなた》と、あなたの心の中にいる本当の《あなた》を結ぶ、自分自身とのパートナーシップ。

2つめのパートナーシップは、今この文章を読んでくださっている《あなた》と、あなたのパートナーとなる可能性のある男性、もしくは現在交際中の彼氏さんを結ぶ、相手とのパートナーシップです。


あなたの恋愛・婚活が行き詰まってしまうのは、この2つのうちどちらかの絆が結べていないか、色々な勘違いからゆるんでしまっているから。ただそれだけです。これから私がお伝えするパートナーシップメソッドを使って絆を結び直せば、あなたも、例えるなら温かいココアを飲んだときのような、温泉に浸かったときに、ほうっと身体がほぐれるような……そんなほんわかとした気持ちに包まれたお付き合い、そしてその先の結婚へと進んでいけるようになります。

ここで少し、私自身のことについてお話しさせてください。

改めて、皆様はじめまして。恋愛心理コンサルタントの田邊糸美と申します。

この度は、この本をお手に取っていただきありがとうございます。

私は普段、恋愛心理コンサルタントとして、結婚に繋がるお付き合いをしたいけれど、長く続かない・付き合えても結婚までどうやって進めればいいのかわからない、彼ができても嫌われるのが怖くて相手の顔色を窺ってしまう……そんな将来を見据えた恋愛婚活ならではの、様々なお悩みを抱えている女性を対象に、自分自身の人生をも楽しめ、お互いが心地よく愛し、愛され続けるパートナーシップが作れるようになるHoney Create Academy（通称ＨＣＡ）という恋愛婚活アカデミーを、２０１６年より主宰しています。おかげさまで現在は日本全国・海外在住の方もご受講いただき、最愛のパートナーができたとのご報告は90％を超え、プロポーズやご結婚のご報告は80％、毎月のように届きます。また、そのご報告は恋愛面だけに留まらず「そのままの自分でいいんだって心から思えるようになりました」「悩んでいた職場の人間関係が解消されて、楽に働けるようになりました！」など、様々なお声まで届くように。これらは全て2つのパートナーシップの力です。

私自身も、ずっと長続きしない・言いたいことが言えない・進展しない恋愛に苦しんできました。10歳の誕生日に両親が離婚したのですが、そのときから私の夢はずっと幸せな家庭を作ること。母と一緒に離婚届を提出しに行った帰り道、子どもながらに「大人になったら絶対、幸せな家庭を作りたい」と強く思ったことを今でも覚えています。

その1年後に初めて彼氏と呼べる存在ができてから十数年間、彼氏こそ途切れませんでしたが、当時の私の最長交際期間は3ヶ月。結婚どころか振り回されてばかり。お付き合いの長さは必ずしも重要ではないですが、まるで映画をリピート再生するかのように短命恋愛をずっと繰り返していました。そんな私もあるとき、生まれて初めて3ヶ月以上お付き合いをすることができたんです。ずっと憧れていた年単位の記念日、どんな私も受け入れてくれているという体感、そして何よりケンカになっても別れ話にならない感動……毎日本当に幸せでした。もうこれで大丈夫だ。ついに運命の人に巡り会えた……そう思いました。だから私は彼を、幸せを失いたくない一心で恋愛本を読み漁り、必死で頑張ったのです。結婚したいと思ってもらうために！料理も家事も完璧に！いつも笑顔で仕事も頑張って居心地のいい彼女にならないと！でも手に入ったと思われると飽きられるから、あえて返信を遅くしたり他の男性を匂わせたりして彼の気持ちを離さない、いい女にならないと！と、思いつくことは全てやりました。でも私はまた、お別れを告げられてしまったのです。

あまりのショックに食事もままならず、同じ時期に勤務先の会社がまさかの倒産。文字通り毎日泣くだけの日々。そのうちとうとう涙も枯れ果て、後悔することにも疲れてきた頃、ふと思ったんです。

ずっと嫌われないように、彼のためにと頑張ってきた。でも私は今、全然幸せじゃない。ということは?もしかしたら頑張り方が違っていたのかもしれない。自分自身を、自分がやってきたことを、もう一度、見つめてみよう。それまで私は、こんな私じゃダメだと自分を責めることはあっても、見つめ直すということはした経験がありませんでした。自分より相手の気持ちを考えることが当然一番大切だと思っていたからです。これまでは行動の全てが彼のため、相手から愛されるためだった私が、自分の気持ちに初めて本気で矢印を向けた瞬間でした。

それから、ひとつひとつ自分と向き合いながら恋愛を見つめ直し、整えていくと……自分の気持ちに無理をさせることなく、一緒にいる時間が長くなればなるほど大切にされ、心地いい、理想通り、いいえそれ以上の!心が満たされる恋愛が私のスタンダードになりました。現在は神様かな?と思うほど優しい彼と結婚、とても穏やかで幸せな毎日を過ごしています。この経験から、同じように恋愛・婚活に悩んでいる方のお役に立てないか？と始めたのがＨＣＡのはじまりです。

これからさっそく、あなたがあなたのままでお互いを大切にし合える恋愛、その先にある結婚、そして結婚した後も幸せが続く恋愛の始め方、絆の育て方をお伝えしていきます。

さあ、温かくて柔らかい、日常の中の幸せを叶えていく準備はできましたか？

妥協や苦しいだけの努力、不安に振り回される恋愛婚活はもう卒業のときです。

一緒に心をゆるめながら、自分自身との、そして相手とのパートナーシップを育てていきましょう。お気に入りのお茶を飲みながら、ゆったりと読んでいただけたら嬉しいです。

365日満たされる！今日からはじめる自分軸恋愛　もくじ

Part 2

# お付き合いする前から絆作りは始まっている

# Part 3

# 自分も相手も大切にできる関係を作っていこう

Part 4

# 最愛のパートナーと家族になっていこう

## プロポーズ心理学 268

# *Part* 1

# 無理や妥協はゼロでいい！
# 満たされ恋愛のための事前準備

# 理想以上の関係を叶える事前準備リスト

## 大切にしたい価値観を言語化しよう

新しい第一歩、おめでとうございます♡

今、ここからさっそくあなたの新しい恋愛ストーリーが始まっていきます。

「はじめに」でお伝えした《2つのパートナーシップ》は、自分とのパートナーシップから育てていきます。相手と作る心地よい関係も、まず何より大切な自分自身との絆があってこそ。そのファーストステップが事前準備リストの作成です。

お菓子を作るときの計量や、旅行前の下調べがその後の結果を変えるのと同じように、心地よく大切にし合える恋愛・結婚へと向かっていくときにも、この事前の準備がとても大切です。

事前準備リストには、実際にモノを準備することも含まれますが、その多くは心の準備です。イメージを膨らませて、色々な方向から自分の理想を、感情を見つめて整理しておくことで、嬉しいときや楽しいときはもちろん、不安になったとき、迷ってしまったときには、コンパスのように《自分に立ち戻れる基準》としてあなたを優しく支えてくれます。

恋愛感情という言葉があるように、恋愛や婚活は感情ありきのこと。だから改めて始めようとするときは、どうしても怖さや不安が出てくるため、勢いで「よし!とりあえず出会いだよね!出会いの場に行こう!」と即スタートさせたくなりますが、幸せになりたい気持ちが真剣であればあるほど、悩みや迷いも生まれます。自分を大切にする意味でも、いきなり出会いの場に行ったり、結婚相談所やアプリへ登録したりするのは控えて、自分自身の想いと向き合ってあげるところからスタートしてくださいね。

さて、最初にあなたに向き合っていただきたいのは、《私が大切にしたいと思っていること》です。これを見つけるためのワークを私は、《価値観ワーク》と呼んでいます。普段、恋愛コンサルとしてお話を伺っていると、最初に理想の条件から考えていらっしゃる方がとても多いのですが、実はそれがあなたの恋愛婚活が、いつの間にか苦しくなり、しっくりこなくなる原因のひとつ。これまで、相手を探したり、お付き合いをしたりする中で、理想の条件にはそれなりに当てはまっているのになんだかしっくりこない……という経験がある方も多いのではないでしょうか。《条件》は、親、親族、周りの友人や世間の目など、自分の想い以外のものが混じりやすいため、本当のあなたの気持ちを見えにくくさせてしまいます。お相手を探すときの指針になってくれることは確かですが、条件だけでは心は動きません。たとえ素敵な条件が揃っていたとしても、本当の自分の想いとリンクしていないと、心は満たされないまま。それに条件に固執しすぎてしまうと、相手を減点法で見てしまうことにも繋がる恐れが。条件の整理はもう少し後。先に想いから向き合っていきましょう。

価値観ワークはSELF（自分自身）とLOVE（恋愛）という2軸で向き合っていきます。行う上でのポイント1つめは、LOVEからではなくて、必ずSELFから向き合うこと。あなた自身の気持ち、大切にしたいことがあってこそのお相手との恋愛、パートナーシップだからです。2つめは、「本当にこれが大事？　正解？」など深く考えすぎないこと。今はまだ信じられないかもしれませんが、あなたがあなたの気持ちをこうして文字にしたり、言葉にして伝えたりして大切にできるようになると、相手からもどんどん大切にされるようになります。あなたから出てきた言葉（想い）は、それがどんなものでも大切なもの。深く考えすぎなくて大丈夫！例を参考に、軽やかに進めていきましょう。

最初に、いくつかの質問を通じて、自分自身の《好き》や《幸せを感じること》にフォーカスすることからスタートです。変に気負いすぎないよう、好きなお菓子などを用意して、のんびりと書いてみてください♡

**例　価値観ワーク【SELF】質問・回答**

- 私の好きなことは?:カフェでゆっくりコーヒーを飲む/可愛い雑貨を探す/映画を観る/友達と旅行に行く
- 私の好きな言葉は?:ありがとう/笑顔が一番
- 私はどんなときに幸せを感じる?:仕事でお客様から褒めていただいたとき/好きなコーヒーを飲みながらのんびりしている時間/飼っている猫と遊んでいるとき
- 私が嫌な気分になるのはどんなとき?:残業を押し付けられたと感じたとき/忙しすぎること/話を聞いてもらえないと感じるとき
- 人から言われて嬉しかった言葉は?:あなたが電話に出てくれると元気が出る(仕事で)/笑顔が可愛い(親友から)

そうしたら次に、質問を通じて出てきた答えからイメージを膨らませて、自分の大切にしたいことをキーワードとして3つ書き入れます。キーワードは前の質問の答えに出てきた言葉でなくとも問題ありません。

例 **私が、自分自身のために大切にしたいキーワード3つ**

①のんびりした時間 ②笑顔 ③人から感謝されること

最後に、それぞれのキーワードについて、どういう想いがあるのか？なぜそれを大切にしたいのか？を大切な誰かに伝えるようなイメージで、話し言葉で書いていきます。ここでも正解はありませんので、綺麗に書こうと思わなくて大丈夫です。

例 **私が大切にしたいキーワードの説明**

①のんびりした時間：朝ゆっくりコーヒーを飲む時間を大事にしたい。朝だけでなく、ゆとりを持っていたい。慌ただしく過ごすと疲れるし、人に対しても優しくなれないと思う。猫ともたくさん遊んであげたい。

②笑顔：笑っている人といると元気が出るし、自分も周りに幸せをあげられる人になりたいから。無表情だと不機嫌そうに見えるし、周りにも気を遣わせると感じる。無

理に笑うんじゃなくて自然に笑えることを大事にしたい。作り笑いは嫌い。
③人から感謝されること：単純にありがとうと言われると嬉しい。そのために無理してしまうときもあるのは直したいけど、仕事でもプライベートでも周りに人は絶対いるものだから、人の役に立てることをしたいと思う。

次に、恋愛面にフォーカスしていきます。考え方や手順は全く同じなので、例を書いていきますね。

例 **価値観ワーク【LOVE】質問・回答**

● **私にとって幸せな恋愛とはどういうもの？**：お互いを思い合えること／悩みも共有できる／お互いの大事な人に紹介し合える／言葉で話し合える／結婚や将来の話ができる

● **これまでの恋愛で幸せを感じたのはどんなとき？**：クリスマスにサプライズをしてくれたこと／偶然同じ映画が好きだったこと／好きって言ってもらえたとき

● **私にとって相手を大切にするとはどういうこと？**：彼氏が疲れていたら支える／笑顔でいる／隠し事や浮気をしない／2人で色々なところに行って思い出作りをする

●これまでの恋愛で悲しかったのはどんなとき?：私に連絡しない間、他の女性と会っていた／休みが合わずになかなか会えなかった／機嫌が悪いときたまに無視された

●私にとって大切にされるとはどういうこと?：話し合いで解決しようとしてくれる／小さいわがままを聞いてくれる／否定せずに話を聞いてくれる

例

**私が、これからの恋愛において大切にしたいキーワード3つ**

①話し合える　②支え合える　③否定しない

例

**キーワードの説明**

①話し合える：ケンカを乗り越えられるようになりたい。結婚もしたいから、それには何かあったときに話し合えるようになることが必要だと思う。思っていることを言える関係に憧れる。自分の話だけじゃなくて彼の話も聞いて言葉で解決できるようになりたい。

②支え合える：仕事の愚痴を聞いてあげられるような懐の深い女性のイメージ。相手が疲れているときには癒やせる存在でいたい。私が辛いときは、話を聞いてほしい。

③否定しない：自分の考えと違うときにも否定、ダメ出ししたりされたりしない関係

が理想。ケンカしても無視されるのは嫌だしもうされたくない。違う意見もわかり合えたらいいなと思う。

キーワードを3つに絞るのが難しいかもしれませんが、迷ったら、直感でOKです。
一通りできたら、それぞれのキーワードと説明の6つを、声に出して読んでみてください。声に出したときの感情を味わい、今はこのキーワードを特に大切にしたいなと感じたものを、SELFとLOVEからそれぞれ1つ選んでおきましょう。これで価値観ワークは完了です！お疲れ様でした♡いかがでしたか？

自分の気持ちは、こうしていざ文字にしたり、声に出したりすると、恥ずかしさが出てくるかもしれません。ですがあなたの軸となる価値観をこうして形にしていく作業は、自分へのパートナーシップ作りの第一歩。こうして想いを言葉にしたり、声に出したりすることは、そのまま自分自身を大切にすることに繋がります。
迷ったり悩んだりしたときに読み返したり、やり直してみたりすることで、相手の顔色や自分以外の人の意見に振り回されない自分に近づいていけますので、今回のように恋愛・

婚活の新たなスタートを切りたいときはもちろん、年末年始やお誕生日など、あなたの節目のタイミングで行うのもおすすめです。

## 私はこれから、どんな関係を作りたい？
## それはどんな人だと叶うかな？

価値観ワークで、《大切にしたい想い》をクリアにしたら、次はそれを踏まえて《あなたがこれから相手と作っていきたい関係》と《それはどんな人だと叶うかな？》に順番に向き合っていただきます。このワークを【希望の関係ワーク】と呼んでいます。

ここから少しずつ、相手についてもイメージを膨らませていきます。

あなたが次の恋愛で作っていきたいのは、いざ言葉にするとどんな関係でしょうか？一緒にいて成長できる関係？安心できる親友のような関係？結婚に繋がるような……と一口に言っても、イメージは人それぞれ。簡単にで構いませんので、こんな関係を作りたい、と自分なりの言葉で書き留めておきましょう。

例
**どんな関係を作っていきたい?**
私は次の恋愛では結婚に繋がる恋愛がしたい。何でも共有できて、いつも笑い合える関係を作っていきたい。

次に、それを叶えられそうな、何となくのイメージを○○な人という言葉で10個以内を目安に書き出していきます。価値観ワークで考えた大切キーワードも見直しながら書いていくと、自分が相手に本当に望むことも、シンプルな形で見えてきます。

例
**どんな人だと叶う?**
聞き上手な人・よく笑う人・仕事があまり不規則ではない人・人として信頼できると感じる人・食事の時間を大切にしている人

あなたが大切にしたいこと（価値観ワークの大切キーワード）、そこから、これからこんな関係を作りたい、それはどんな人となら叶うかな?と連想ゲームのような視点でイメージするのがコツ!連想して考えることで、心のどこかでは「こんな人いるわけないよね……」と思ってしまうような、【スタート前からどこかでは諦めモード】も防ぐことができます。諦めや妥協を最初から持ったまま、お相手探しを始めると、自分に対しても、相手に対しても「やっぱり仕方ないよね……」と感じるばかりになってしまうんです。あなたの新しい恋愛ストーリーはすでに始まっています。

自分を、相手を下げる妥協は、勇気を出してさよならしましょう。

## "こうなりたい"希望の時期をさっくり決めよう

パートナーをこれから作っていくステージの方も、現在交際中のパートナーと、結婚へ進んでいきたい方も、希望の時期を決めておくことでテンポ良く進んでいけるサポートになりますし、お相手がいる方は、具体的な話し合いになったときに、お互いの意思の擦り合わせがスムーズになります。こちらも価値観ワークと同じく、本当はどうしたいと思っているのか?と深く掘り下げ考えすぎると、そこから思考の渦に飲まれ、その先が続かなくなってしまうので注意しましょう。希望の時期はお相手ができたときや、その後お相手と実際に話をしていく中で、自然と変わってくるものでもあるので、現時点のあなたの気持ちで大丈夫です。準備なので、考えすぎずにさっくりがコツです。

**例**

**いつまでに結婚したい？**

○歳の誕生日の時点では、入籍していたい。

**例**

**どれくらいの期間お付き合いをして結婚したい？**

半年はお付き合いをしたい。1年記念にプロポーズされたらいいな。

例のように数字を入れ、できるだけ具体的にすることで、理想は格段に叶いやすくなります。また少し先の話にはなりますが、実際に話題にするときの男性への伝わりやすさも変わります。お付き合いの期間は、相手を知っていく期間、と考えてみてください。

ちなみに私のコンサルとしての経験上、個人差はありますがプロポーズから入籍までの期間は平均4ヶ月〜半年程度の方が多いです。希望のお付き合いの期間に関しては、とにかく早く結婚がしたいので早ければ早いほどいい！ピンとくる人がいたらすぐにでも！という方もいらっしゃるかもしれません。いい人がいたらというのは確かにその通りですが、ある意味においては相手に期待・依存している相手ありきの思考でもあります。もしいい人がいれば、という気持ちであっても、自分なりに相手を知っていくのに最低限必要そうだなと思う期間を数字で決めておくと、そこに自分の意志が生まれます。小さなことですが、私は私の意志でこれから関係を作っていくんだ！という気持ちはとても大切なこと。また、パートナーをこれから探していく方は、この2つの時期にプラスして、いつまでに彼氏を作るかも決めておきましょう。後からも触れますが、人間の脳は元々、防衛本能からポジティブな情報よりもネガティブな情報を優先的にキャッチするようにできています。勢いだけで付き合うのはおすすめしませんが、時期を決めず、彼氏を作るまでにあまりに時間をかけすぎてしまうと、相手から感じるネガティブ情報をどんどんキャッチしてしまい、悲観的になってしまう粗探し思考がどうしても強くなり、気持ちが疲れてきてしまいます。気持ちが疲れてしまっては、恋は始まりません。頑張っているのに彼氏ができず、いつの間にか時間だけが経っている……いい人もいないしもう疲れた……という状況をできるだけ避けるためにも、時期は設定しておきましょう。

## 〝結婚したその先の夢〟をリストにしよう

時期をさっくりと設定したら、一息ついてください♡お茶を淹れ直したり、お菓子を補充したりして、ちょこっと気分を変えましょう。そうしたら次は、結婚したその先にフォーカスしていきます。

あなたはこれまで、彼をとりあえず作ること、結婚すること（プロポーズされること）、がゴールになってしまった経験はありませんか？恋愛に限らずですが、物事には順序がありますから、目の前の課題に向き合う気持ちは必要です。でも目の前のことにだけ必死になってしまうと、焦りの感情が増え、とりあえず、○○になれば何でも良い！というような極端な思考や行動になっていきます。

彼が欲しい、結婚したい！という気持ちが高まっているときの最大の敵はいつも《あなたの中の焦りの感情》です。焦ると何が良くないのか？を改めて書くと、そのことばかり考えてしまう《執着》が生まれ、視野が狭くなってしまい、思考と行動が極端になること。彼氏を作るにしても、結婚へと進展させていくにしても、関係は積み重ねていくものです。早くこうなりたい！と思っているときこそ、急がば回れの意識でいた方が、絆は結果的に早く深まります。そのため、今あなたがどんなステージであれ、感情に任せた極端な行動は控えれば控えるほど、恋愛や婚活は上手くいくようになります。

ここではあえて「結婚したその先の夢」に目を向け、視野を広げていきましょう♡結婚した後の生活の中で、家族で、自分で、やりたいことや行きたい場所、欲しいものを思いつくだけリストにしていきます。

例
**結婚したその先の夢リスト**

- 家族全員でお揃いの服を着る
- 主人と呼びたい
- 婚約指輪と結婚指輪を重ね付けしたい
- ディズニーランドに行って家族写真を撮ってもらう
- 大きなダイニングテーブルとソファを置く
- おばあちゃんの家にみんなで行く
- 結婚記念日にはお花をもらいたい
- 新婚旅行はウユニ塩湖に行きたい
- クリスマスには大きなツリーを飾りたい
- キャンピングカーで家族キャンプがしたい

このリスト、私ももちろん書きました。書いたことすら忘れていたのですが、結婚した今、気が付けばほぼ叶っています。書く際はこんなこと子どもっぽくて恥ずかしい……とか、結婚ってそんな甘いものじゃないよね、など考えないでもちろんOK!あなただけの幸せの形は2つのパートナーシップの力で作っていけます。それに、もしも色々な事情から、書いたままの形では難しいことがあったとしても、2つの絆を大切にする気持ちを忘れなければ、そのときのあなたにとって最高の形になります。どうぞここでも誰にも遠慮しないで、とびきり甘い夢を、憧れを、リストに並べましょう♡

## 自分なりの言葉で整理!仕事・住まい・家事の希望

次の準備は、あなたの中の結婚に関連する事柄の希望の整理です。

結婚に関連する事柄とは、仕事・住まい・家事などのこと。ばしっと希望が出てくる方もいれば、相手もいないのにまだそんなところまで考えられない……という気持ちの方もいらっしゃるかもしれませんが、ふんわりしたものでも問題ありません。自分の現時点での素直な気持ちを文字として、または言葉にすることで、自分自身の本当の気持ちを知ってあげていくと、自己肯定感が高まっていくため、それがこのワークの1番の目的ではありますが、婚活として考えたときにも、メリットがあります。こうして丁寧に準備をして、言語化しておき、将来を視野に入れた関係性を作っていこう!という想いの元で進んでいくと、思ったよりも早い段階でお相手とそういった話がふと出てくることも多いのです。男性が、将来を考えていける相手だな、自分に自信はないけれど、この子となら人生を共にできるかも?と視点が変わるきっかけのひとつは、《意志や気持ちを自分の言葉で話せる女性だと感じたとき》です。この要素はとても大きく、私のアカデミー生たちが、無理や妥協をしなくても、将来を考えられる大好きな彼ができた!プロポーズしてくれた、大好きな彼と結婚した、など続々と幸せを確実に進展させ現実にしているのは、言語化し、自分の気持ちを相手に押しつけることなく、伝える、伝わる形にする、ということをいつも大切にしているから。

ですから、決める!決めなきゃ!という切羽詰まった気持ちではなく、ふんわりした想いや希望を言葉にして整理する気軽な気持ちで大丈夫。ルールは箇条書きではなく、話し言葉で書くこと。例を参考にして、自分の率直な希望を形にしておきましょう。

**例 結婚した後のライフスタイルワーク**

● 仕事：結婚後の希望の働き方や気持ち

現時点では、今の仕事を続けたい。もし家庭との両立が大変だったら時短勤務で働きたい。その場合、今より収入は減るから相手と相談したい。もし子どもができたら今の職場で産休育休を取りたい。仕事はしていたいけど、パートでもいいかもしれない、バリバリ働きたくはない。

●住まい：結婚後の住まいの希望や結婚前の同棲への気持ち

病気の家族がいるから、何かあったときにすぐ動ける距離に住みたい。転勤などがある人は最初から避けるつもりだけど、もしそうなったら単身赴任をお願いするかもしれない、まだわからないけど。結婚前の同棲はできればしたくない。相手がしたい人の場合は、入籍をいつにするか、もしくは、いつその話し合いをするかを決めてからしたい。

●家事：掃除や料理、お金など共同生活の部分についての希望

料理は、実家暮らしでほとんどやってこなかったので、あまりできない。正直好きではないけど、もう少しできるようになりたいとは思っている。料理は基本やってもらって、その代わり掃除は好きだから、どちらかと言うと掃除を頑張りたいのが理想。お金管理は各自でいいけど、向こうがやってほしかったらそれは頑張れるかなぁ。

このワークは各々の家族の事情も絡みやすい部分です。（病気の家族のために何かあったときに動けるようにはしておきたい、実家を相続してほしいと言われているなど）こんな

のわがままだよね……という気持ちや、できれば言いたくないけどこれも話さないといけないのかな……ということは現段階では気にしないでください。事柄にもよりますが、男性に何でもそのまま全て話さないといけない、ということはありません。

また、わからない、特に希望はない、相手に合わせられるというのも、あなたの気持ちであり大切な意見のひとつです。わからないことについての気持ちを書いてください。他のことでもそうですが、わからないことや希望がないことを、こんな私じゃダメですよね、だから今まで上手くいかなかったんですよね。と先回りして否定される方も多いのですが、原因があるとすれば、それ自体が問題なのではなく、自分の中でもその気持ちを見ないようにする（わからないからと考えない）、自信がない自分を隠して、お相手の男性に対してごまかして伝える、卑下しながら伝える、良く思われたいと嘘を吐いてしまうから、絆が育たずにパートナーシップが作れず終わってしまうのです。これらは、自分とのパートナーシップが弱くなっている証拠。どんな気持ちもあなただけのものです。あなたはあなたの素直な気持ちに目線を向けて、伝わる形で言葉にすれば良いだけ。「どう思われるか？」は「どう伝えるか？」でかなり変わります。ダメな気持ちなんて、ダメな自分自身なんてひとつもないんだよ、と何度も自分に伝えてあげてくださいね。

## 自分の〝基準〟を深める自分軸条件リスト

この章の冒頭で、最初から相手に望む条件を考えてしまうと、あなたの素直な想いと繋がらず苦しくなってしまったり、関係が進むにつれて違和感を抱いてしまったりするため、上手くいかなくなる原因となってしまう、とお伝えしました。でも今のあなたは、価値観ワークから始まり、色々な方向からご自身と向き合ってきたと思います。このあたりでお相手に望む条件を整理しちゃいましょう。これを、《自分軸条件リスト》と呼びます。

自分軸とは、自分の価値観や想いを第一に大切にした基準のこと。逆に他人軸とは、自分の想いやどうしたいか?を後回しにして、自分以外の誰かや、世間にどう思われるか?ということを優先して決めた基準のことです。他人軸が強いと、恋愛以外でも相手の顔色や声色を気にして、どう思われるかを考えすぎてしまう……ということが起きるためシンプルに疲れます。心地よく幸せに生きるためには《自分軸》を持つことは必須と言ってもいいかもしれません。

でも、こんなふうにも思いませんか?

「相手や周りから良く思われたいって思うのは、ダメなことなの?結婚相手を紹介するなら、自分の家族に認めてもらいたいんだけど、それって他人軸？」

「でも、自分の気持ちやしたいことだけ優先していたら周りに迷惑がかかるよね？それでもいいってこと？」

昔の私は、これ、めちゃくちゃ思っていました。

ＨＣＡメンバーからも、同じようなことを聞かれるときがあります。

この本を読んでくださっているあなたに、ここで声を大にしてお伝えしたいのは、周りの目を気にする、相手にどう思われるかを気にするのは＝他人軸だから良くないこと、と一概に決めつけないでほしいということ。「周りに好かれる自分でいたい」や、「お相手は親に認めてもらえる人がいい」と思う理由が、「私が、そうしたいから」というあなた自身の意志なら、それはあなたの立派な自分軸です。でも、その理由が「世間的にいいと言われているから」「皆もそうしているから」というように、あなたの意志がないと、それは他人軸に変わります。幸せの正解、はありません。どんな選択も、条件も、そこに自分の意思があるなら、大事にしていいんです。忘れないでいてくださいね。

「でも、自分の気持ちやしたいことだけ優先していたら周りに迷惑がかかったりするよね？それでもいいってこと？」こちらについてはまた、83ページで改めて書きますね。

さて、自分軸条件リストは時間軸ごとにリストアップしていきます。

継続して会う基準、これ以上会わない基準を言語化します。理想以上のお付き合いをスタートさせたい、短命恋愛を卒業したいのであれば、婚活中の「この人はピンとこない……」という《何となくフェイドアウトの繰り返し》をできるだけ少なくする必要があるからです。何となく無理、何となく違うと感じるなどの直感自体は大切です。人にはお互い好みがあるので、全く好みでなく生理的に無理な方もいると思います。ですが、自分が感じた《何か違う》が一体なんなのか？に向き合わないまま、次々と相手を変えても、それはずっと運任せ、相手次第の博打にしかなりません。デートの時間を有意義なものにするためにも、自分とのパートナーシップを強化する意味でも、例を参考に整理しておきましょう。

例

**自分軸条件リスト**

● 私がパートナーとしては考えられないと感じる人は？

・髪型と服装が清潔でない　・体臭や口臭がある　・歯が黒ずんでいる
・声が大きい　・年収600万以下　・身長170センチ以下
・住まいが遠すぎる　・一人暮らし経験なし　・同居確約の記載
・地元に戻る予定あり　・海外含め転勤が必ずある　・仕事が不安定な状態
・特定の宗教を強要してくる

● 連絡先交換〜会うまでの期間で、終わりにする3つ整理

①初回やりとりから敬語ではない
②会話が噛み合わず不快に感じる
③返信してないのに連続でメッセージがくる

● 初デート（2－3時間）でわかる次回会うのをやめる3つ整理

偏食で食べ方が汚い／向こうからの質問がない／相手が1人でずっと話している

●付き合うまでのデート（3回から5回程度）で確認したい、見ておきたいこと3つ整理

①愚痴、悪口を言わず温厚か
【どんなデートで知れる？】仕事、家族への話題、ドライブや遠方デート、一緒に深酒する

②意見の違いを否定する話し方でなく寄り添いを感じるか
【どんなデートで知れる？】わざと反対意見を言う、お金の話をして金銭感覚を知る

③安定した生活環境か
【どんなデートで知れる？】家事一般できるか、友人、休日の過ごし方の話題を振る

例にもある、学歴や雇用形態、身長、年収などのように、条件を素直に書こうとすると、「自分のことを棚に上げて偉そうだな……」「私だって、全く完璧じゃないのに何様だろうか」「望みすぎかな……」と気が引けてしまうこともありますよね。このワークは、特定の相手を批判するものではなくて、自分の望む条件を見える化するために行うものです。ここに書いたことが全てになるわけではありませんので、これまでのワークを見返しながら、頭の中を整理するつもりで行ってくださいね。

《大好きで大切だと思えるパートナーに大切にされ、将来の話も、その他の大事なことも必要なときには話し合える。お互いが無理なく心地いいお付き合い、そしてその先の結婚にも向かっていける、信頼と安心に包まれた関係》と《長続きしない・大切にされない・進展しない・不安に振り回される関係》の違いはどこにあると思いますか？

相手が誠実かそうじゃないかの違い？それとも自分側の個人的な要素の違い？

いいえ。それらも全く関係ないとは言いませんが、最も重要なカギは【付き合うまでの期間】です。なぜかと言うと、男性の恋愛のスタートには、色々なモードが存在するから。「とりあえず付き合いたい」「身体の関係を持ちたい」という衝動モード、「この子のことは、きちんと扱わないといけない、適当なことはできない」という紳士モード、「他の子と違って運命かも？」という王子モードなど、様々なモードがあります。

ヘアドライヤーの、温風モードと冷風モードをイメージしてもらうと、わかりやすいと思います。私は普段、ＨＣＡでのセッションやセミナー中に、男性に遊びか本気かを、言葉で本人に確認するのは意味がないよ、とよくお伝えしているのですが、女性は、脳の作りとしても感情を重要視される方が多く、男性に対してもすごく好きか、あんまり好きじゃないかというような《好意の量》に違いがでることが多いため、それを確認したくなるのですが、男性の場合は、どのモードでも《好意の量》に違いはありません。「真剣なの?」と聞いて、「遊びだよ!」とは思っていても滅多なことでは言わない、ということは置いておいても、聞くことに意味はありません。なぜなら全て本気だからです。好意量ではなく《種類が違う》というのがポイント。これが《恋愛モード》です。

そしてもう一つ、《ニーズ》というものがあります。これは、あなたにも【希望の関係ワーク】と【希望時期ワーク】で向き合っていただいた、その男性が次はどんな恋愛をしたいと思っているか?結婚に対しての温度感はどれくらいか?ということを指します。

この《恋愛モード》と《ニーズ》が決まるのが【付き合うまでの期間】であり、その2つにより、関係の方向性が決まります。

ちなみに、この2つはこちらの関わり方次第で、変わります(変わらない部分もありますが)。ですから現在交際中の方も、今からより心地よく大切にし合える関係になっていくことは可能です。安心してくださいね。

ここから恋愛を新しく始めるなら、もう結婚に繋がる、もしくは信頼と安心に包まれた関係になれる可能性がある恋愛しかいらないはずです。もちろん今現在交際中の方も、今のパートナーとの関係を進展させるなら、結婚を含め将来へと具体的に進展させる、もしくは信頼と安心に包まれた関係へとアップデートしていきたいですよね？

男性の恋愛モードを誠実にし、重くもならずに結婚へのニーズもグッと動かせる……そんな魔法のようなセリフが、《自己開示セリフ》です。このセリフは本当に万能で、彼探しステージの方は、伝えるだけで最高の彼が作れるようになり、彼ありの方も、セリフがきっかけで年単位で動かなかった結婚や将来に向けての進展が次々とスタートすることも。

自己開示とは、自分の内なる気持ちを相手に素直に伝えること。ですが、ただ言えばいいというものでもありません。効果絶大なセリフですが、いつ使うかなどは次の章以降に順を追って解説していきますので、いきなり言わないように注意してください。

それでは実際に使うのは少し先ですが、先に作っておきましょう。

自己開示セリフは、４つのフレーズで構成されています。

**自己開示セリフテンプレート**

①私はこれまで（恋愛的弱み）だったけど
②次付き合う人とは（期間）くらいで結婚もしたいと思っているから
③これからは相手のためにも（恋愛的弱みをこのようにして）○○な関係を作っていきたいって思っているんですよね。
④○○さんは、どれくらいで結婚したいとか、こんな関係を作りたいとかありますか？

恋愛的弱みとは、あなたがこれまで恋愛をしてきて、「異性との関係の中で苦手だと思っていること」です。

**例**

**恋愛的弱み**

● 嫌われるのが怖くて、自分の気持ちを言えない
● 自分の気持ちを話すのが苦手
● 相手のためにと頑張りすぎてしまう

テンプレートに当てはめるとこのようになります。

例

**自己開示セリフ**

①私はこれまで、《自分の気持ちを話すのが苦手》だったけど

②次付き合う人とは《1年》くらいで結婚もしたいと思っているから

③これからは相手のためにも《自分の気持ちを少しずつ伝えられるようになりたいし》《お互いの気持ちを話し合えるような》関係を作っていきたいって思っているんですよね。

④○○さんは、どれくらいで結婚したいとか、こんな関係を作りたいとかありますか？

## 作成時の注意

自己開示セリフは、あくまで恋愛モードとニーズを動かすためのきっかけとするものです。効果が高い反面、余計な一言を入れてしまうと、ネガティブな先入観を持たれてしまいます。

①すぐ泣いてしまう、イライラしてしまう、怒りをぶつけてしまう、無視してしまう、一方的に責めてしまうなど、感情的になることを連想させるような恋愛的弱みはセリフに

入れないようにする
②部屋が汚い、ガサツ、適当、何もできない、時間にルーズなど、ご自身のコンプレックスを表す言葉は入れないようにする
③いつもすぐ振られる、婚約破棄された、浮気されてきた、騙された、暴力を振るわれてきたなど大切に扱われてこなかった過去はセリフに入れないようにする
この3つに気をつけて作成しましょう。迷ってしまう場合、恋愛的弱み例や自己開示セリフ例を参考に作成するのがおすすめです。

## おろそかになりがち、自分とのデート日を決めよう

準備リストもいよいよラストスパート！
今回の準備はとってもシンプルです。手帳やスケジュールを管理しているアプリに、《自分とのデート日》を先に書き入れる・入力するだけ。

婚活中の方でも、お付き合いしている彼と結婚に向かっていきたい！という方でも、男性と会えば会うほど、メッセージのやりとりや、実際に会話をすればするほど、好きになってもらえる、いい人に出会えるようになると思っている方が多くいらっしゃいます。です

が、恋愛は、試験勉強や筋トレのように、《そこだけに全力を注ぎ、必死に努力！そうしたら、その分だけ上手くいくようになる、いい人に出会える》ということではないんですよね。むしろ逆に、そういう心持ちでいると、「こんなにやっているのに！」という気持ちから焦りが生まれやすく、それが《執着》となり、無意識に、相手に対して感情的で極端な行動が多くなり、逆に望まない展開になりやすくなってしまう……そこが他の事柄とは大きく違う落とし穴です。

デートする人数を増やす、少し積極的に話すようにする、メッセージのやりとりは正直苦手だし面倒だけど、いつもより丁寧に送る、など《努力》も、もちろん必要です。だけど、これからあなたが作っていく恋愛は、心地よく大切にし合えるパートナーシップのある恋愛、そしてその先の結婚ですよね。結婚も、結婚したらそこで完了！ではなく、その先の2人の日常、人生が続きます。関係性のステージが変化しても、長期的に継続、発展していく他人との心地よい関係は、まずあなた自身が良い状態であってこそ！今のうちから自分の機嫌の基本的な部分は、自分でケア・調整できるようになっておくためにも、空いた時間に……ではなく《先に決めておく》のがポイントです。

自分とのデート日は、原則としては《1人で過ごす日》と考えてください。
できるだけ決まった予定を入れず、起きたときに、「今日は何がしたい?」と心の中の自分に聞いて、行動を決めていきます。イメージは、その日は心に、あなたの望みを何でも叶えてくれるヒーローを呼ぶという感じです。自分の行きたい、やりたい、を直感的に叶えてあげる気持ちで、完全に自由に過ごしてください。眠いよー!!という声が聞こえてきたら、一日中眠ってあげましょう。

日数は月単位で、最低2日間くらいをおすすめしています。どうしても難しい場合でも、月に1日は設定するのをおすすめします。月末に翌月分を設定しちゃいましょう。

これまで婚活や自分磨きを頑張ってきた方ほど、不安になるかもしれませんが、彼と会う・出会いを求めてデートを重ねるなど、恋愛に対して何かするだけが、婚活や絆作りじゃありません。どうか覚えていてくださいね。

## きゅんボックスでいつでも元気チャージ

きゅんボックスとは、【自分の元気をチャージするものを詰め込んだ箱】のこと。

繰り返しになりますが、恋愛や婚活は、他の人間関係と同じく、相手が存在するものなので、あなた自身もそうであるように、相手には相手だけの都合があり、想いがあり、大切にしたいことがあります。それは自分の感情や都合だけでは、それがどんなに真剣で、ピュアな気持ちであっても自分の思い通りの時間軸（タイミング）や展開にはならないこともあるということ。（でも、自分との絆が深まれば、たとえそのときには思い通りにならなくても、結果的にベストだと思える最高の展開が待っていることは絶対です）

でも、そんなこと頭ではわかっていても、どうしようもないときもあるのが感情。

恋愛婚活ではもちろん、それ以外でも、悲しいことが起こったときや、不安なとき、疲れたときって「元気出さないと！」と思っても「どうしても無理！」なときありませんか？そんなときに、元気をチャージするものをひとまとめにしたきゅんボックスがあると、とっても便利！あなただけのお守りになって、優しく気持ちを支えてくれます。

エネルギー切れになったときは、探したり、取ってきたり、調べたりするその一手間すら大変だったりするので、事前にひとまとめにして、開けやすい位置に置いておくのが最大のポイント！自宅の中で移動させるときも便利です。

今回は、実際に私のきゅんボックスの中身をご紹介しておきますね。

**私のきゅんボックスの中身一覧**

- 夫がくれた小さなぬいぐるみ
- 温かくなるアイマスク
- 好きな香りのハンドクリームとボディクリーム
- 子どもの写真
- HCAメンバーさんにいただいたお手紙や結婚式などのお写真
- 夫からのお手紙
- 可愛いリボン
- 可愛いレターセットとペン
- 心が和む、もしくは前向きになれる本と映画
- ネイルケアセットとネイルカラー

ちなみに可愛いリボンのように私は《特に使うというわけじゃないけれど、眺めているだけで胸がときめくもの》も毎回1つは入れるようにしています。そういうものを1つ入

れるだけで、心が柔らかくほぐれる気がします。使い道はないけれど、キラキラして好き、見ているのが好き、理由はわからないけど癒やされる……もしもそんな気持ちになるものを見つけたら、無駄なんて思わないで、ぜひ入れてあげましょう！

元気なときに、自分のときめきを最新に更新する気持ちで、中身を定期的に見直してあげたり、可愛い箱やケースを見つけたら入れ替えたりするのもとっても楽しいですよ。不安やモヤモヤなときこそ少しでも快適に、自分に甘く優しく、です♡

## ビジョンボードで引き寄せ力を高め、アファメーションで加速させよう

いよいよ最後の準備、ビジョンボードとアファメーションの作成です！

ビジョンボードとは、叶えたい夢や自分自身の在り方を写真を使って一枚にまとめるコラージュのこと。ドリームボードや夢ボードなど色々な呼ばれ方があります。そしてアファメーションとは、自分に対して繰り返し唱える呪文のような言葉のことです。どちらもポピュラーな方法なので、作ったことがあるという方もいらっしゃるかもしれませんね。

今回は、私がおすすめしている作成方法をお伝えします。

ビジョンボードを作成する最大のメリットは、理想のイメージが視覚化され明確になることです。人間は視覚優位の生き物なので、写真など視覚から入る情報が五感の中で一番脳に影響を与えると言われています。写真を使って具体的に視覚化された理想、なりたい姿を定期的に眺めると、脳に深くインプットされます。脳に深くインプットされた情報は、潜在意識と呼ばれる、自分では自覚することのできない無意識の領域に入っていきます。私たちは日常の中で、メッセージの文字のやりとりや電話、そして対面で、自分の気持ちを考え、それを表現してコミュニケーションをとっていますよね。恋愛婚活も含め、相手との関係を作っていくための基本は、それが文字であれ、声であれ、《言語のコミュニケーション》です。これは顕在意識と呼ばれる、自分で言葉にできる範囲の自分の意識を使っています。ですがこの顕在意識は、私たちが持っている意識の中の数％にしかすぎず、その多くを無意識の領域である潜在意識が占めています。つまり普段使うのは顕在意識ですが、意識の多くを占めているのは潜在意識。私たちの普段の思考や行動も、その多くが潜在意識に沿って、無意識に行われています。

例えば、何か嬉しいことがあったら、嬉しいと思おうと意識せずとも、勝手に嬉しい感情が湧きます。これが無意識です。ボードで深くインプットされた情報は、潜在意識に入り込み無意識化されます。さらに、脳には自分が欲しい情報を全自動で探してくれるRASという機能が備わっています。今年の春はピンクが着たいなぁと思って街を歩いていると、やたらとピンク色が目に入ってくる、もう○歳だ……私本当に結婚できるのかなぁと不安になると、不安を煽るような広告や言葉がたくさん目に入ってしまう、逆に、幸せな気持ちのときには、幸せを祝福してくれているような言葉や音楽が身に沁みるような気持ちになる……これらは全てRASの機能があるから起きていること。これが引き寄せの法則と呼ばれているものの、核となる部分です。

つまりビジョンボードとは、人間の視覚優位の特性を活かして理想を視覚化し、何度も眺めることで無意識化させ、意識せず、自動的に行動を起こせる自分に近づける＋RASの特性を活かし、叶えるために必要な情報を自動的にキャッチするようにも働きかけるというシンプルながら理に適ったお得ツール。

アファメーションも同じ原理です。ボードは何度も眺める、アファメーションは何度も唱えることで、その効果を発揮します。2つを組み合わせることで、理想までのルートは最大限に短縮されることが期待できます。作っている間も、ワクワクする気持ちを感じていただけると思います。

脳や思考の仕組みも味方につけ、軽やかに理想を叶えていきましょう♡

今回作成していただくボードのテーマは《私の心地よい恋愛・結婚》です。テーマからイメージを膨らませて作成してみてくださいね。私がおすすめの作り方を、アナログ、デジタルの両方でご紹介します。

作成前に注意することは、特定の男性の写真（今気になっている人、好きな人、付き合っている人、元彼など）は使わないということ。この人とだけ！という気持ちも、執着を生みやすく、視野が狭くなってしまいます。とても大切で大好きな人でも、その人があなたの望む幸せを、心地よいパートナーシップを、一緒に作っていける相手かどうかはまた別の話。気持ちがあると、ある程度固執してしまうのは仕方のないことですが、特定の人の写真を入れることで、執着を増長させてしまうと、相手に対しての行動も無意識に極端になり、相手を自分の望み通りに動かしたい！という【コントロール思考】も強くなってしまい、大切なお相手との進展や現状の関係も悪化するリスクがあります。モデルさんなどの恋愛イメージ写真や、好きなアイドルや俳優、キャラクターなどの写真はＯＫです。イメージを膨らませて、最高にワクワクするボードを作りましょう！

アナログ：紙で作成。早く無意識化したい、じっくりやりたい方におすすめ。

1　大きめの画用紙、はさみ、のり、その他リボンなど好きなパーツを先に用意する
2　価値観ワークと希望の関係ワークを声に出して読み返す
3　雑誌やＳＮＳなどから、あなたがきゅんとする写真、好きだなと思う写真、叶えたい理想の恋愛やパートナーシップ、そしてあなた自身の価値観を表していると感じる写真を直感に従ってセレクトし、印刷する
4　用意した画用紙に自由にコラージュして、完成

デジタル：スマホやパソコンで作成。忙しい方やサクサク作りたい方におすすめ。

1　複数の画像を一枚にまとめられるようなアプリを用意する
2　価値観ワークと希望の関係ワークを声に出して読み返す
3　雑誌やＳＮＳなどから、あなたがきゅんとする写真、好きだなと思う写真、叶え

たい理想の恋愛やパートナーシップ、そしてあなた自身の価値観を表していると感じる写真を直感に従ってセレクトし、保存

4　用意したアプリを使い一枚の画像にまとめて、完成

アナログで作成した方が叶うまでのスピードは速くなるためアナログをおすすめしていますが、印刷など少し手間がかかることや、実家暮らしなどでお部屋に貼りにくいなどの環境もあると思いますから、作りやすい方で進めましょう。

**アファメーションの作り方**

アファメーションとは、自分自身に対して呟く肯定的な自己宣言のことです。理想が叶った前提の言葉を繰り返し呟くことにより、潜在意識に落とし込んでいきます。こちらもこれまで私自身が数々の理想を叶えてきた作成方法をお伝えします。

**アファメーションテンプレートと見本**

A：私は〜どんどん近づいています。

例）私は、誠実で優しいパートナーとの結婚にどんどん近づいています

B：私は〜とても満たされた気持ちで過ごしています。

例）私は、何でも話せる心地よいパートナーと家族として過ごせることを日々幸せに感じながらとても満たされた気持ちで過ごしています

作成後に実際声に出してみて、自分の心がほぐれる方を選びましょう。《私は》と、主語を自分にすることがポイントです。

「結婚します」「幸せになります」など、言い聞かせる形より、《すでにそうなっている・進んでいっている》という気持ちに働きかける言い方にした方が、叶うスピードが速く感じます。

## アファメーションの使い方

1日に20回程度、繰り返し呟きましょう。回数は目安のため多い分には問題ありません。感情を込める必要も、声を大きくする必要もなく自分だけに聞こえるくらいの音量で大丈夫です。声を出せないときは、口だけ動かす無声でも効果はあります。

呟くタイミングもいつでも大丈夫ですが、特に朝起きてすぐのまだ完全に覚醒していな

いまどろみタイムや、夜ベッドに入り、眠りに入るときは潜在意識に入りやすいゴールデンタイム。私は、毎日ボードを見ながらゴールデンタイムに各5回ずつ＋仕事中や移動中の気が付いたときに1日大体50回以上は呟いています。

## ボードの使い方

作成したボードは毎日アファメーションを呟きながら3分間、足踏みするなど身体の一部を動かしながら眺めましょう。動きをつけながら見ることにより、脳を興奮状態＝すでに叶ったときの状態として錯覚させることができ、実現化が加速します。アファメーションとのセット使いが一番おすすめです。貼る場所は、あなたの都合の良い場所で問題ないですが、こちらも眠りにつく瞬間や起き抜けのまだ頭が完全に覚醒していないタイミングは、潜在意識に入りやすいゴールデンタイムです。寝室の天井や壁に貼るのもいいですね。デジタルの場合は待ち受け画像に設定するのが一番手軽でおすすめです。アナログ作成の場合でも待ち受け画像にできますね。23日間以上継続することで脳にインプットされると言われているため、そこまでは、身体の一部を動かしながら3分眺める、を続けましょう。それ以降であればあなたが「もう外してもいいかな♪」とふと思ったときに外していただいて構いません。

最後に大切なことを。ボードも、本当にただおうちで眺めているだけ、呟いているだけ、では欲しい未来は手に入りません。その他の準備も、準備です。紅茶が飲みたくてカフェに入っても、本当にただ座っているだけでは何も飲み物は来ないですよね?メニューを開き、注文をする、という行動をして初めて、紅茶を飲むことが叶います。それと理想を叶えていくということも同じです。あなたが今いる状況、足元の《今、ここ》と、《叶えたい未来》を繋げるのは、やっぱり行動なのです。

ボードを眺め始め、アファメーションを呟き始めたら、普段生活している中で出てくる、《何となく、これが気になる》という直感に従って軽やかに行動することを大切にしてください。恋愛や婚活、ボードの内容に直接関係なさそうなことだからと無視せず、特に意味はないけれど、食べてみたい、参加してみたい、連絡してみたくなった、今日はこっちの道から帰ろうかな?これが欲しいな、そういう小さなことで大丈夫です。今ここ、と理想を繋ぐ過程で起こる出来事は、自分の想像の範疇を超えてきます。本当に日常の中の、小さな出来事の連続の結果、気が付けば……そんなふうにしてあなたの甘い理想は現実になります。そのきっかけになるのはいつも、理由はないけど、何となく、ふと、というような小さな行動です。あなたの中の小さな気付き、ひらめきは理想の実現を最大限に後押ししてくれますよ。

さて、これで事前準備は全て完了です！お疲れ様でした！

ここまで準備を通してご自身と向き合ってきて、いかがでしたか？色々な方向から準備することで新しい発見があった方も多いはず。自分の気持ちは自分で思っているほど、わかってあげられていないものです。「どんなときもまずは、自分を大切にしよう」その気持ちを思い出していただけたら嬉しいです。

# 不安にサヨナラ！素のままの自分でいられるマインド

**想いと行動が繋がると、どんどん本当の自信がつく！色々なことが上手くいく**

いよいよここから、信頼関係と安心感があり心が満たされ心地よく、愛し愛され続ける恋愛、そしてその先の結婚へも進んでいける、自分との絆《自分とのパートナーシップ》について本格的にお伝えしていきます！その前に、簡単におさらいを。

- あなたの恋愛が長続きしない、結婚まで進展しないのは、あなた自身にダメなところがあるわけじゃない。あなた自身にはダメなところなんて何もない
- 大好きなパートナーに大切にされ、将来の話も、その他の大事な話も必要なときには話し合える。お互いが無理なく心地いいお付き合い、そしてその先の結婚にも向かえる信頼と安心に包まれた恋愛・結婚は、誰でも叶えていける

● そのために必要なのは2つのパートナーシップ
● それは今この文章を読んでくださっている《あなた》と、あなたの心の中にいる本当の《あなた》を結ぶ、【自分自身とのパートナーシップ】と、あなたのパートナーとなる可能性のある男性、もしくは現在交際中の彼氏さんを結ぶ、【相手とのパートナーシップ】
● 自分との良い関係あってこその相手との関係。まずは自分との絆を育てることで恋愛は幸せに向かっていく

この中で特に、私が何度でもあなたにお伝えしたいことは《あなた自身にはダメなところなんて何もない》ということです。恋愛や結婚は、人生に大きく関わる出来事でもあるため、その幸せを望んでいるのに、上手くいかないと、どんどん自分に対しての自信がなくなっていく事柄です。幸せそうな周りと自分を比べ、自分だけ世界から取り残されたような気持ちになっていく。恋愛は人生の全てではないし、してもしなくても自由で、結婚＝幸せという時代ではなくなってきているとわかっていても、連絡が来なくなるたびに、別れようと言われるたびに、君とは結婚を考えられないと言われるたびに、「私は、ダメなんだ」と思う。その事実が恥ずかしくて、悲しくて、自分からまたひとつ、自信が消えてい

く。少なくとも私はそうでした。でも今ならわかります。それまで頑張ってきた、ここまで一緒に過ごしてきた【自分自身そのものが、ダメ】ということではなくて、ただ、【知らなかっただけ】なんだってことが。

恋愛は、学校で学びません。友達に相談することはあっても、基本的には誰からも教えてもらえません。自分の経験や感覚だけで身を持って知っていくことです。でも、人生の全てでも必須項目でもないので、せいぜい経験した中でのことしか知りようがないもの。そのときの私は、自分と向き合う大切さも、気持ちの伝え方の大切さも知りませんでした。何か新しいことを聞いても、やろう！とは思えませんでした。だって長く続いたこともなければ、自分との絆を結ぶなんて考えたこともなかったから。それに、今までの自分の感覚とは、かけ離れたことをするのは怖いし、それは自分がこれまで頑張ってやってきたことを、否定することにもなる気がするから。だから、私は多分、過去大きな失恋を経験しなければ、そこまでやろうと思わなかったし、もし近いことを考えたとしても、当然「自分なりに考えたことを実践したら、恋愛も、毎日も理想以上になったから、その経験を体系化させて、自分の言葉で人に伝えよう！」なんて、それで実践した方から次々と幸せのご報告が来るなんて、夫と出会い、結婚するなんて、想像もできませんでした。

これから私は、あなたに色々なことを伝えていきます。私がダメだから、ではなく、私はもっと幸せになりたい、だからやってみよう！どうかそんな気持ちで読んで、軽やかにトライしていただけたら嬉しいです。

自分とのパートナーシップとは何か？それは、自分との信頼関係と安心感です。
目を閉じて、【鏡に映る小さくなった自分自身の姿】を想像してください。
その自分の中の小さな自分と、親友になること。それが自分との絆を育て、パートナーシップを作るということです。

自分と親友になるには、第一に、自分とコミュニケーションを取ることから始まります。それは、自分自身のありのままの感情と、言葉に目を向けて、自分の話を聞く、自分に自分の気持ちを話す、湧いてきた感情や衝動に静かに寄り添う、何か起こったときには、まず自分と相談する習慣を持つ、ということです。まずは話をたくさんして、お互いを知っていき、仲良くなっていくのは実際の友達作りと同じですね。しかしコミュニケーションを取るだけで終わっていると、親友には届きません。ここがとても重要なポイントなのですが、実際の友達作りとは違い、この《心の中のあなた》はあなたの中にしか存在していない、実態のない存在です。（当たり前ですね）つまり《心の中のあなた》は、彼女単体では動けません。だからあなたが代わりに行動してあげる必要があります。

もちろんこの本を読んでいる《あなた》も《心の中のあなた》も実際は同じであり、全部まとめてあなた自身ですが、本音と建前という言葉があるように、心の中で感じている気持ちと、頭で考えること、実際のあなたの行動は、一致していないことがほとんどではないでしょうか。

内なる自分とコミュニケーションを取り、自分の想いや感じたこと＋実際に身体を動かす行動　この2つを繋げていくこと、これが、自分とのパートナーシップの作り方です。

《自信は成功体験で作られる》と言われていますが、私は恋愛含む人間関係に限っては、それだけだとは思いません。成功にこだわり、自信を作ろうとすると、それを決めるのが《相手の反応・評価》になりやすいからです。相手が喜んでくれたら、相手が予想通りの、もしくは期待している反応をしてくれたら成功、相手が不機嫌になったら、相手が予想外の、もしくは自分が望まない反応なら失敗……成功が続いているときはいいですが、予想や期待と違う展開になったときには、一気に崩れてしまいます。自分の気持ちと行動を繋げ、自分と親友になることによってできた自信は、外側の状況に左右されてなくなることはありません。上手くいかないと感じる出来事すら、自分を知る、寄り添う、そしてまた、次の行動に繋げてあげられる、全てが自分との絆を育てるきっかけとなるからです。

そのための考え方、心の在り方のことを《愛されマインド》としています。

愛されマインドが整い、自分と親友になればなるほど、自分との絆が育ち、自分に内側からの、《本当の自信》が付いていきます。《本当の自信》とは、成功や失敗、相手の反応など目の前の状況で増えたり減ったりしない、自分を信じられる力のこと。「周りは周りで自分は自分だよね」「なんとかなる♪」と振り回されないあなたになっていけます。そしてなんと！それだけではなく、愛されマインドが整うと、あなたの夢は特別なことをしなくても叶っていきます。私自身もですが、私のアカデミーのメンバーたちも、恋愛婚活からお仕事の夢まで多くの夢を現実に、日常にされています。

愛されマインドは、決める・見つめる・行動する・決め直すという4つのステップで整えられます。この4つのステップを通じて思考と行動を繋げていくことが重要です。

ちなみに、実際の婚活やお付き合いの中で、相手に対して何かするときには、自分の想いを把握する→整理しラッピングする→伝える、となり、自分とのコミュニケーションとは少し違います。順にお伝えしていきますので「自分が想ったことをそのままに相手に言えばいい、行動すればいいってことだ！」と慌てないでくださいね。

欲しい未来のために、そして何より自分のために。

次は、愛されマインドについて、そして愛されマインドを整えるための色々な方法についてお伝えしていきますね！

## 不安なときこそ、「増やす」より「減らす」余白を大切にしよう

不安になったとき、頑張り屋さんの方ほど、その不安を無くそうという想いからつい、《増やす》ことにフォーカスしがちです。

彼を探すためのデート、メッセージの回数や人数、お見合いの数、交際中のパートナーと会う時間、SNSや動画コンテンツの情報……人によっては、男性に選ばれるためのお料理教室といったお稽古事なども含まれます。

出会いそのものは確率が占める割合も大きいため、この数字はおすすめしない極端な例ですが、婚活で月に10人とデートする方と月に1人としかデートしない方では前者の方が、

確率としては高くなるということは確かにあります。ですが、自分とのコミュニケーションをおろそかにした状態で、不安や焦りから、やみくもにデートの予定を増やしたり、恋愛ノウハウなどをインプットしたりしても、いい結果には繋がりません。

夢のためだからと自分にムチを打ち、予定をいっぱい詰め込んで、頑張らなくっていいんです。《不安なときこそ、上手くいかないと感じるときこそ、増やすより減らす》です。

婚活においては、会う数が少なすぎても、上手く進む波に乗れないので、数を増やすことが必要なときもあります。でも、例えばお洋服を増やして収納するにも、クローゼットのスペースが必要なのと同じで、増やすためにはその前に、何かを減らすことが必要不可欠です。不安が膨らんでくるときや上手くいかない！と結果を焦る気持ちになっていると気付いたときは勇気を出して、一度婚活含めて生活全体の予定やＴＯＤＯを、いつもより少しだけ減らし、スケジュールそのものや心を軽くする《余白を増やす》ことに、まずフォーカスしていただきたいです。

普段コンサルをさせていただいて思うのですが、現代女性は、本当に頑張り屋さんで努力家の方が多いです。だから恋愛婚活でも、他のことでも、キャパオーバーに気が付かず、どんどん色々なことを増やし続けてしまいます。人によっては、減らすことを怖いと感じたり、一時的に不安を感じたりすることもあると思いますが、心地よい恋愛のためのパートナーシップは【余白のある状態】から作られます。自分の心に余白がないと、相手の気持ちを考えるゆとりは失われていきます。

そのためには、一見無駄な時間と言われそうな、ソファでダラダラする時間、ベッドでごろごろする時間、好きな映画やテレビを見ながら作るの面倒だから♡とデリバリーで食事を頼む日、予定を入れずにぼんやりする日……自分にとことん甘くする時間も、これからパートナーシップを育てる上では、必要な時間です。自分デートの日もその1つ。

逃避したっていいんです。決めたからってその通りに頑張れない日だってあっていい。ダラダラしちゃって、自己嫌悪で落ち込んじゃうかもしれませんが、そんなときもあるある！です。そんな日はもう開き直って、存分にごろごろして、ダラダラして、ゆっくりお風呂にでも入って、また一歩ずつ、進んでいけばいい。むしろそこを許せないと、パートナーに対しても、周りの人に対しても、無意識に相手のペースや自分との違いを許せなくなってきてしまいます。

「自分のキャパシティは、自分が思っている5倍狭いと考えてね」「心の余白が、幸せなパートナーシップを作るコツだよ」これは私が普段HCAで、受講メンバーたちに何度も伝える言葉です。

不安なときこそ、増やすより減らす、を意識された方から、どんどん素敵なご縁やチャンスに恵まれていきます。新しいステージに行きたいときは、新しいことを取り入れていく必要があります。これまでと同じように考え、同じように行動したら、当然残念ながら同じ結果です。人間の脳は変化に弱いため、新しいことは、それがどんなことでもストレスがかかります。初対面に近い人と会っていく要素のある婚活（特に彼氏作り）が疲れるのは当然のことです。新しい行動を軽やかに取り入れていくためにも、やっぱり余白。

《不安なときこそ、上手くいかないと感じるときこそ、増やすより減らす》

心地よく満たされる恋愛結婚を叶える、重要ポイントです！

## I Messageと感情言葉を意識していこう

I Messageとは、「私はこう思う」「私はこう感じた」など、主語を《私》にして、気持ちを伝えるコミュニケーションの方法。感情言葉とは、嬉しい・楽しい・幸せ・悲しい・寂しい・辛い、を基本にした自分の感情を表す言葉のことです。

この2つはとてもシンプルですが、意識すればするほど、自分とのパートナーシップだけでなく、《相手とのパートナーシップ》を育てていく上でも、基本となる2つになります。

●相手に笑顔で合わせるのは得意だけど、自分の気持ちや意見を言うのは苦手

●相手と自分の意見が違うと不安になってしまったり、意見の違いをどう話していいかわからなくなったりして黙り込んでしまう

●自分の考え、意見を誰かに伝えたときの相手の反応（言葉や行動）がわかりやすく共感、同意してくれていない雰囲気だと、自分自身を否定されたように感じてしまう

このような気持ちに心当たりのある方は、程度の差はあれど、ベースの考え方として、自分の意見を言うことは、自分勝手・わがまま・気が強い・場の空気を乱す、などネガティブなイメージが強く、自分の意見を言う＝良くないこと、という想いを持っています。その想いから普段ご自身では、周りに害のない範囲でしか自分の意見や気持ちは言わない……ということが習慣になっていますが、あなたがこれから心地よく愛し、愛され続ける恋愛、そして結婚へと進んでいける関係を育てていきたいのであれば、少しずつその意識をゆる

めていく必要があります。そのままだとどんな影響が出てしまうのでしょうか？

1つめの影響は、男性に対して【ギリギリの状況にならないと自分の思っていることが言えない】というコミュニケーションのパターンになってしまうこと。

ギリギリの状況とは

●限界まで体調が悪くなったとき
●別れ話になったときや別れを考え始めたとき
●どちらかが泣いたり怒ったりして感情的になっているとき
●結婚する気があるのかないのかをはっきりさせたくなったとき、等

好きな人や気になる人だから、余計に言いにくいし、相手の意見や気持ちを尊重したくて、ついそうなってしまう……その気持ちもとてもわかります。ですが、個人差はあれど、男性は「こう言っているけれど、本当はこうなんじゃないか？」「実はこう思っているけれど自分のことを思って言えないのではないか？」というようなことは、あまり考えません。（基本的に優しいので「大丈夫？」「本当に？」とは聞いてくれたりしますが）

そんな中、例に出したようなギリギリの状況になって初めて、あなたが自分の気持ちを「実は」「本当は」「正直」と話してしまうと、これまで溜め込んでしまっていた分、自分のわかってほしい気持ちが先行し、感情的に、もしくは一気に話してしまうことになります。そうすると、男性には伝わらない可能性が高くなってしまうんです。パートナーシップのある関係はコミュニケーションによって育まれます。コミュニケーションは、相手の話を《聞く》自分の気持ちを《伝える》という2つの要素があります。これをキャッチボールだとすると、どうでしょうか。キャッチボールでは、相手が取りやすいボールを投げることにも意識を使いますよね？ボールをどれだけ真剣に心を込めて投げたとしても、取れる位置、スピードでないと相手は受け取れません。それと同じように会話も、伝える側がどれだけ真剣に、感情を込めて話したとしても、その伝え方が《相手に伝わる形》になっていなければ、残念ながら相手には伝わらないのです。

恋愛婚活では、男性に何を言えば正解か？を考えがちです。でも、《相手に何を言うか》もやっぱり、あなたの気持ちを大切にしたまま、自分の気持ちを元にしていいんです。むしろ、そうしないと上辺だけのコミュニケーションになり、上手くいきません。ご相談を受ける中でもよく「これまで自分の気持ちをわかってもらえなかったんです」「本当の気持ちを言ったら、連絡が来なくなったんです」などのお話を聞かせていただくことがあります。でもそれはほとんどの場合、【言ったこと、内容が間違っていた】のはなくて【伝わる形にできていなかった】だけです。自分の気持ちを元に伝わる形へ整えるには、自分の気持ちに気が付けるようになる必要がありますよね。そのための I Message と感情言葉です。

2つめの影響は、【男性に厳しく、イライラしやすくなってしまう】ということです。「自分の意見」や、「本音」という言葉でイメージするのは大体、相手が言っていることに対しての反対意見や、反対とまではいかないけれど、同意や共感はできないような「これを言ったら嫌な思いをさせてしまうかも？」と感じていることだと思います。自分が傷付きたくないから言えない……という気持ちもあるかもしれませんが、基本的には優しさからの《相手のため》であり、あなたは相手のためを思って、そうしています。では、相手が同じようにしてくれなかったら、つまり、自分の意見に反対や共感ではない違う意見を言ってきたら、どうなるでしょう？なんと反射的に「私のことを大切に考えてくれていないんだ！」と感じてしまうようになるのです。しかも相手が賛成、共感してくれると今度は「彼も、自分と同じように、（本心は違うけれど）私のためを思って無理しているのかも」という不安から相手の言葉を信じられなくなってしまうというおまけ付きで！反対意見を言われたら否定、賛成されたら大切にされているとなってしまっては、相手との違いを認め合うことができず、お相手もあなたも疲れてしまいます。

別の人間なので、意見や感覚の違いは必ずあります。どちらかが我慢する関係ではなく、お互いの気持ちや都合を受け止め、擦り合わせていける関係になっていくことを目指す。そのために、I Messageと感情言葉の力を借り、まずは自分の気持ちを受け止め、言葉にできるようにしていきましょう。心で思うだけでも効果はありますので、最初から彼に言おうと考えるのではなく、友人や同僚を相手に練習のつもりで取り入れるのがおすすめです。

心の中で何か思ったとき「私は、今こんな気持ちなんだな」と【私は】を付けて味わい、受け止める。自分の気持ちがわからないときは「私は、今どう思っている?どんな気持ち?」と自分の気持ちを尋ねてあげる。(出てこないときやわからない場合も、無理に掘り下げる必要はありません。今はまだわからないんだね、と寄り添ってあげるだけで充分です)行動に迷ったときは、「私は、どうしたい?」と最初に聞いてみる。

相手の意見を聞きたいときは「私はこう思うのだけど、あなたはどう?」と自分の気持ちを先に言うようにしましょう。こちらもまずは、食事のメニューや行きたい場所など言いやすいことから、《先に言う》に慣れていきましょう。

感情言葉は「私は嬉しいんだな」「私は悲しいんだな」のようにI Messageと組み合わせて味わうことで、自分の気持ちにより早く気が付いていけるようになります。最終的には、どんな感情も【伝えたいときには伝わる形で伝える】ことができるようになることが、ベストであり目指す状態ですが、ポジティブな感情は実際に口に出すことで、意識の中に深く落とし込め、前向きな思考パターンを作っていける効果もありますので、嬉しい・楽しい・幸せの感情に関しては、そう思うことがあったら、「嬉しいなぁ」「幸せだなぁ」と声に出していきましょう。

逆に、悲しい・寂しい・辛いは、これまで相手のためと思って自分の中に溜めていた分、言いすぎてしまったりもします。そうなると誤解されてしまうこともあるので、繰り返しになりますが現時点ではまだ、誰かに言うことを考えるよりも、自分で「私は今、辛いんだな」とただ心の中で言葉にして味わってあげることにフォーカスし、ひとつずつ慣れていきましょう。

入れる言葉、投げかける言葉に注目しよう

SNSやインターネット、テレビに本、街や電車の広告や親、友人など身近な人から言われた言葉……私たちの周りにはいつもたくさんの言葉が溢れています。

眠っているとき以外、絶えず目から耳から入ってくる情報、言葉はあなたのマインドに、とても大きな影響を与えています。

彼の気持ちがわからず不安になって、SNSやインターネットで調べてみたものの、色々読んでいるうちに余計に不安になってきて頭がパンクしそうになったこと、会社の人から何気なく言われた「え?まだ結婚していないの?」の言葉に傷付いたこと、あなたにもきっと似た経験があると思います。

私たちの脳は、空白を嫌う性質を持っており、放っておくと膨らみやすい《不安な気持ち》が大好きです。不安は、【よくわからない】という曖昧な状況や事柄に対して生まれます。また人間にも生存本能があるので、自分自身の心と身体を守るため、危険を感じる情報を優先的にキャッチするようにできています。

つまり私たちは基本的に、ポジティブな言葉よりも不安を煽るような言葉や、未来が怖くなるネガティブな言葉に意識を持っていかれやすいようにできているということ。

今は良くも悪くも情報が溢れていますが、《自分に入れる言葉》はある程度自分でコントロールできます。

言葉は目や耳から入ってきますから、ＳＮＳなどから情報そのものを入れすぎない、調べすぎないこと、何となくいつも愚痴が多くなってしまう同僚とのランチや飲み会、良かれと思って色々言ってくれる友達との集まり、親や親族からの「そんなふうだから結婚できないんだよ」などの否定の言葉にも注意してください。

本当に全く気にしておらず笑い飛ばせるくらいなら別ですが、もし言われるたびに、本当は傷付いているなら、一度だけ「心配してくれているのはわかるけれど、私はそういうふうに言われると悲しいし、そのたびに傷付くから、やめてほしい」とシンプルに伝えるのはひとつの手段です。意思表示しているつもりでも、意外と伝わっていないこともありますから、シンプルに伝えることで、「長年続いていたものがなくなりました！」と仰っていただけることも多いです。相手側が長年の習慣になっている場合は、残念ながら悪気がなくても、すぐにはなくならない場合もありますので、伝えたけれど言われてしまう、また、どうしても言いにくいなど事情がある場合は、大切な自分を守るために、できるだけそういう言葉を投げかけてくる相手との時間を少なくするように工夫しましょう。

もう1つは、《投げかける言葉》。これは、あなたがあなたに対してかけている言葉のこと。自分が話している言葉を一番聞いているのは他でもないあなた自身です。心の中で思っていることでも、他の人から聞く言葉は、ときには聞き漏らすこともありますが、自分から発している言葉を聞き漏らすことはありませんよね。

入れる言葉にしても、投げかける言葉にしてもそうですが、無理にポジティブに考えることも、愚痴や悪口を一切言わないのも、自己否定を一切しないのも、私は無理だと思っています。ネガティブになっているなと気が付いたら、無理せずにいたわりの気持ちで、いつもより少しだけいい入浴剤を使う、愚痴や悪口を言ってしまった……そんな自己嫌悪の夜は、ハッピーな気持ちになれる映画を観たり、翌日の挨拶は優しさを込めてする、自己否定をしてしまったら、「そんなときもあるよね」と声に出すのも効果的。

溢れている言葉から、自分を守ってあげてくださいね。

# 愛されマインド3つの基本原則

## ①何より大切な「自分ファースト」の法則

愛されマインドを整えるための3つの法則の1つめは、自分ファーストの法則です。41ページでお伝えしていた「でも、自分の気持ちやしたいことだけ優先していたら周りに迷惑がかかったりするよね？それでもいいってこと？」について触れていきます。

《自分ファースト》とは自分の気持ちや考えを優先して行動しましょう！ということではなく、周りのことを大切に思うなら、どんなときも自分の気持ちを【最初に】受け止めた上で、周りや相手のことを考えましょうという意味です。受け止めるとは、私はどうしたい？私はどう思っている？と自分の想いに目を向けてあげて、認識することです。

自分の気持ちだったり体調だったりに目を向けず、認識していない状態で相手のため、周りのためにと頑張ってしまうと、その行動に黒いエネルギーが乗ってしまいます。

周りのことを考えて、疲れていても予定があっても笑顔で仕事を引き受けているのにどうしてあの子ばかり褒められるの？好かれるの？

早く結婚したくて、家事も料理も頑張ってきたのに、なんで何もしていなさそうなあの子が結婚なんてするの！

そのときは納得して選択した行動であってもこういう感情が湧き起こるのは、その行動に黒いエネルギーが乗っているから。


黒いエネルギーは、たとえ言葉や態度に出していなくても伝わってしまい、相手や周りを、そして自分を疲れさせてしまいます。

やりたくないけど嫌われたくないからやるという保身からの行動にも、あなた自身に余白が足りないときも、黒いエネルギーが乗ります。

だから、周りのことを思うならなおさら、自分を第一に考えるのが自分も周りも本当の意味で幸せにするコツ!!でも、自分の気持ちを認識しても、相手の都合や周りの状況でどうしても、その通りに動けないこともありますよね。でも、別に動かない、動けなくてもいいんです。私はどう思っていて、どうしたい？と《心の中で目を向けてあげる》ことだけでも自分とのパートナーシップは育ち、マインドは整っていきます。

そしてこの《自分ファースト》にはもう一つ、自分を世界の中心に置くという意味があります。あなたの現実はいつどんなときもあなたが作っているからです。さらに、あなたの世界の中にいる、家族、同僚、友人などの登場人物も、あなたが作っています!

それは目に映る、あなたの経験やこれまで感じたこと、そして今のあなたの状況から作られたあなたの物差しが、出来事の意味を決めているということ。

極端な例かもしれませんが、勤めている会社が突然1ヶ月お休みになったとします。あなたがそのとき、彼氏とあまりに時間が合わなくて転職したいなぁと思っていたら?「やったー!これで堂々と一旦は休める!その間に転職活動しよう♡」と嬉しく思うかもしれません。でもそのとき、彼と別れたばかりで、もう私には仕事しかない!と思っていたら?「頑張ろうと思っていた仕事も休みになっちゃって最悪だ……」と残念な出来事になります。

起きる出来事は自分の力でコントロールできる範囲とできない範囲がありますが、どう受け止めるか?はいつもあなた次第。あなたの状態で出来事の持つ意味は変わり続けます。

友人、同僚、家族など自分以外の人についても同じです。例えば友人という人間そのものを作ったのは友人のご両親ですが、その友人がどういう人か？というのはあなた自身がその人のどこを見るか？という物差しで決まります。いつもすごく真面目なAさんから見たら、Bさんは不真面目な人と映るかもしれませんが、いつもマイペースなCさんが見れば、Bさんは、頑張りすぎな人と映りますね。その人そのものは一人きりですが、その人まるごとを全て見ることはできず、私たちはいつも無意識に、自分自身の物差しで自分の見たい部分だけを切り取り、自分にとってのその人を作りあげています。

ビジョンボード作成のときに触れましたが、今年の春はピンクが着たいなぁと思って街を歩いていると、やたらとピンク色が目に入ってくる、もう○歳だ……私本当に結婚できるのかなぁと不安になると、不安を煽るような広告や言葉がたくさん目に入ってしまう……そんなふうに私たちの見ている世界は、その脳の働きから自分が考えていること、意識していることによって出来事も、人も見え方が変わります。

あなたはあなたの世界の中心であり、創造主です。

私もあるときから、周りのためや正解より先に、自分の気持ちに目を向けるようにしました。最初はつい、正解を考えてしまっていましたが、行動できないときでも、私が思っていることを毎回心の中で聞き、最低限認識だけはしてあげるようにしました。保身のための行動は少しずつやめて、やりたくないことはしなくても済むような方法はないかな？と考え、やりたいけれど、嫌だ……楽しくないと思うときは余白を作ってのんびりし、やりたくないけれど、どうしてもやらなきゃいけないことに関しては、できるだけ楽しくやれるように工夫をしました。つまり「私がこの世界を作っているんだ」ということを忘れずに、世界の中心にいる創造主として、自分が出しているエネルギーに気を配り《自分の思うこと・感じていること》を最優先にしたのです。

そうしたら、愛されるために無理をして必死で幸せになりたいと頑張っていたときよりも驚くほど楽に、簡単に理想が叶うようになりました。嫌な出来事はほとんど起きなくなり、たまに起きても、自己否定することがないので自信が増えたり減ったりすることもありません。自分ファースト、すごいですよ！

## ②起きる出来事は全てベスト！「最善最良」の法則

次の法則は、「次はこういう恋愛をして、結婚をしよう！」と決めたその瞬間から（この本で言うならば、1章の準備のステップが完了したら）起こる出来事は、良いこともそうじゃないことも全部、それを叶えるために必要だから起きているベストなこと、という法則です。愛されマインドを整えるステップの《見つめる》にあたります。

恋愛で悩んでいた頃、私はとにかく目の前の出来事に一喜一憂していました。彼から連絡が来たら嬉しい！彼とケンカしたら悲しい（ちょっともめたらすぐ別れようと言われ、1ヶ月くらいで別れていたのでほぼケンカもできなかったのですが）恋愛面以外でも良いことが続いているときは元気でポジティブだけど、悪いことが起きたらズーンと一気に落ちてしまう……。そのジェットコースターみたいな落差のある毎日にほとほと疲れてしまったことから、「良い悪いの基準じゃなくて、出来事全部必要だから起きているんだって受け止めることにしよう。そうすれば、悲しくなったり落ち込んだりしても、少なくとも今よりは疲れないはず！」と思ったのがこの法則の最初です。

【いい悪いではなく、全て最善最良】。そう考えるようにすると、驚くことに、一喜一憂することもいつの間にかなくなり、自己否定もなくなり、さらに、嫌な出来事もそう受け取るとプラスにしかならないので、嫌なことが怖くなくなり、私だから、大丈夫♡とより思えるようになりました。

「世界が味方してくれているんだなぁ」と感じられることも増えました。そうなってくるにつれ、恋愛もそれ以外もやっぱりスルスル上手くいくようになったので、アカデミーでは原則としてお伝えしています。この法則はゲーム感覚で取り入れていきましょう。

## 取り入れ方

《決めてから、起きる出来事は、全部（私の理想を叶えるために）必要でベストなタイミングで起きている》という視点で受け止める。嬉しい出来事は味わい、嫌な気持ちになることが起きたときはサインと受け止め、意図を考えて、すぐに小さく行動する。

意図を考えるとは、「さて、この出来事は、私に何を教えてくれているのかな?」と、その意味を自分なりに考えることです。あなたにとって嬉しいこと（都合がいいこと）が起きたときは、喜びの感情や、こうなるべくして起きたんだな、などの肯定的な気持ちが意識せずとも出てくると思うので、出来事が最善でベストだと意図を意識して考えるのは主に、悲しいこと（都合が悪いこと）予想外のことが起きたときになります。次のように実践していきましょう。

## 嬉しい出来事の味わい方

些細なことでも、あなた自身が嬉しいと感じる出来事が起きたときは、自分の中の自分に「嬉しいな。幸せ～！ありがたいね」としみじみ喜びと感謝を共有して染み渡らせるか「私ってやっぱり最高だね♡」と、心の中の自分と一緒に自画自賛♡

するると、小さなことや叶えたい理想に関係ないことでも、自己肯定感を上げる栄養になるので、毎日過ごしているだけでぐんぐん自己肯定感が上がりとってもお得です。そのとき、思うだけではなく声に出してあげるとより効果的です。

**悲しいこと（都合が悪いこと）、あなたにとって予想外のことが起きたとき**

**意図を考えるヒント集**

- 自分を満たしてないってこと？
- 私の役目が終わったんだな
- もっとできることあるってことなのかも？
- 意思を試されているのかな？
- 余白がないよって教えてくれているのかも？
- 今はこれが必要で向き合えってことなのかも？
- 軸がぶれているから価値観を見直してみてってことなのかも？

意図を考える際のルールは2つです。

①正解を探さない：ヒント集を参考に、「こういう意図ってことにしよう!」「何となくこれが気になる」と直感で選んだり、自分で決めてしまったりしてOKです。考えてもわからない場合は、ヒント集を上から全部試してみるのも◎こっちとこっち、どっちの意図だろうと迷う場合は、気軽にどっちもやってみましょう♪別に何をしたってOK!

ゴールは、《あなたの気持ちがほんの少しでも楽になること》です。

②自分を責める、縛るような意図は存在しない：「もう絶対無理ってことだなって思いました」「自分が大したことないぞって自覚しろということですね」「夢は簡単には叶わないのを知らしめるためなんだってわかりました」など、意図は、あなたを責めたり、ダメ出ししたり、意地悪するようなことはありません。世界はいつも味方です。あなたの一番の味方が優しくアドバイスしてくれているイメージで考えましょう。

例

**出来事：**彼と約束していたデート。とっても楽しみにしていたのに、ドタキャンされた

**意図を考える：**自分との時間を取れって意図なのかも？

**行動する：**ずっと行きたかったカフェに行く

例

**出来事：**何ヶ月も頑張って作成した仕事の資料を間違って消してしまった

**意図を考える：**もっといいものができる力がある！って応援してくれているのかも？ それとも人に頼ることを覚えさせてくれようとしているのかも？

**行動する：**作り直せる体制を整えて、勇気を出して同僚に一緒にやってほしいと相談する

## どう頑張っても考えられないくらい悲しいと思うことが起きたとき

出来事には、自分でコントロールできる範囲と、できない範囲があります。急な事故、病気、天災、相手の都合などもそうですね。その出来事に対して、意図がどうこうなんて考

えられないほどショックなときは、無理して考えなくて大丈夫です。何もせずただ悲しみ、落ち込むことも必要な時間です。感情は、見ないふりをするよりも一定期間はただ抱きしめる方が、落ち着くのが早いのです。そんなときは切り替えようとせず、休息を取りながら、その感情に浸り、静かに過ごしてください。また、疲れていて余白がないときは、向き合う余裕も生まれないので、早く眠るなどして休みましょう。

人の気持ちは、変化（ショックなこと）に対峙したとき、振り子のように行ったり来たりしながら少しずつ前向きになってくる性質があります。ご自身を責めないでくださいね。

## ピンとくる意図が見つからないとき

向かい合ってもわからないときもあります。「今の私には、まだこの出来事の意図は読めないけれど、最善だと思うときが来る。全部ベストで最善最良だよね」と呟いたその後は、あれこれ考えずに身体と心の力を抜いて、日々の流れに身を任せましょう。そのときは必ず来ます。

## 「何回も同じようなことが起こるんだけど……」

その出来事があなたの理想を叶えるために重要なサインなのであれば、形は違っても、同じようなことが起きます。ヒントを参考に、色々試して、少しでも気持ちが落ち着いたらそれでOKですが、繰り返すときに限ってはヒント集の中から《自分が一番、小さくでも行動するのに勇気がいるヒント》を選ぶことで、自分の枠を超えると繰り返される同じようなことは徐々に起きなくなり、一気に状況が好転することも。

　こうなりたいと夢を決めると、自分の中で、《それが叶うまでには、こういうことが起きて、こうなってこうなるだろう》という経験値や持っている知識に基づいたストーリーが作られます。だからそれに当てはまる以外のこと（辛いこと、上手くいかないと自身が感じること）が起こると余計に落ち込むんですよね……。

　でも2つのパートナーシップを育てて、さらに色々な夢が叶うようになった経験を振り返っても、コンサルとしてたくさんの女性の理想が実現する姿を見ていても、共通しているのは《夢は本人では想像もしていなかった予想外の展開が重なりいつの間にか叶っていることの方が圧倒的に多い》ということ。

　私は業務上、恋愛や婚活状況を客観視できる範囲が広いので「この方は、こういうふうにすれば、こうなるだろうな」「そろそろプロポーズが来るだろうな」など予想できるときも多いのですが、ご本人からは「まさかこのときは、この人と結婚するなんて全く考えていませんでした!」や「糸美さんに言われていましたがまさか本当に、プロポーズされるなんて想像もしていませんでした!」等よく言われます。

叶うまでの過程で起こる出来事や順番、時期はいつも自分の想像を超えてきます。途中に何が起ころうと、叶うことは決まっています。マインドを整えて、2つのパートナーシップを育てていけば、何も心配することはありません。不安やモヤモヤ……ネガティブな感情も、予想外の出来事も、全て叶うまでの過程です。

## ③小さな行動こそ未来を大きく変える「ワンアクション」法則

最後の法則はワンアクションについて。

カフェでコーヒーを飲むためには、カフェに行って、オーダーする
パリに行きたければ飛行機に乗る
ハンバーグが食べたければ、誰かにお願いするか材料を買ってきて作るか、買う
こんなふうに《今ここ》から夢を日常にするためには、必ず行動が必要ですよね。それはもちろん、恋愛も同じです。

でも実は……大きな行動をしなくては！たくさん行動をしないと！と意気込まなくても夢は叶えていけるんです。

人は、苦手意識があることを実行しようとするときや、今度こそ絶対叶えたい！と意気込んだ夢に対し、いざ行動を起こそうとするときほど、無意識に自分のキャパ以上の行動目標を立ててしまいます。行動目標に関しては、大きく分けて2つのタイプに分かれます。あなたはどちらのタイプでしょうか？

**A　張り切り特大タイプ**

「これまで実家暮らしで正直全然料理してこなかったから、困らない程度には料理ができるようになりたい！」→お弁当箱とレシピ本を買って、とりあえず毎日1時間早起きしてお弁当を作るぞ！

**B　タスク&ルール増やしタイプ**

「彼氏を作るぞ！」→1 いつも笑顔でいる／2 週に1回はデートをする／3 毎日腹筋を

30回する／4 内面を磨くために月に2冊は本を読む／5 飲み会のお誘いは断らないで必ず行く！／6 間食はやめる／7 私なんて、とはもう絶対思わない！

このように自分ではそんなつもりがなくても現状から考えると大きな行動目標になる、もしくはひとつひとつはそこまで大きくなくても禁止事項とやることの数が多くなるという2パターンが多いです（ちなみに私は、張り切り特大タイプです）。

行動量はある程度必要です。座学の授業を受けているだけでは、実際に泳げるようにはならないのと同じで、相手とのコミュニケーションは知識だけを持っていても意味はなく、実際のデートで練習していくことで体得していけるスキルです。大きい行動目標を立てる、小さな行動目標をたくさん作る、どちらもその通りにできればいいですが、多くの場合は、Aは自分への負担が大きくなる可能性が高く、Bは、あれもこれも守らなければいけない！という義務感に変わります。

そのため、頑張っているはずなのに満たされず心が苦しくなってしまうのです。心が苦しい＝余白がなくなるということです。幸せな恋愛結婚を叶えるには2つのパートナーシップでしたよね？そのために大切なのは、余白でありあなた自身の状態です。

苦しい行動を続けても、余白がなくなるだけであなた自身がいい状態ではないので、たとえ彼氏ができても、たくさん会えていても、心地よい関係は育たず、進展もしていきません。新しい結果が欲しければ、勇気を出して新しい行動をしなくてはならないときがありますが、苦しいままの行動目標は逆効果。

張り切り特大タイプの方は、思いついた目標を5分の1まで小さくする、タスク&ルール増やしタイプの方は頭の中にあるタスクとルールを全部書き出して、その中でこれは簡単にできそうと思うものを3つ以内で選び、ゆるく継続できる形にしましょう。

その上で、じゃあ日頃何に気をつければ夢が叶っていくのか？

その答えは、《すぐに小さく行動してあげること》これがワンアクションです。大きいことも、たくさんのことも完璧に行動しよう！と頑張らなくても大丈夫。

ただ、毎日の生活の中で自分自身が感じたことに気が付いたときは後回しにせず、できるだけすぐに、1つ小さく具体的に行動してあげるようにする、それだけであなたの愛されマインドは整い、夢は驚くほど軽やかに叶っていきます。

例

気付き：最近疲れているのかも……
↓次の休みの日に合わせて、カレンダーに自分デート日を書き込む
気付き：最近Aちゃんと会ってないな。どうしているんだろう?
↓久しぶり!とLINEしてみる
気付き：「ワークライフバランスを大切に自分らしく働こう」と書かれた広告が目に留まりいやに気になった
↓残業を減らすためには、何ができる?とスマホのメモに3つアイデアを書いてみる

具体的にというのは、ビデオカメラに映るか?と考えていただくとわかりやすいと思います。頭の中で考えている、悩んでいるだけではビデオには映りませんよね。ビデオに映れば具体的という認識で考えてください。「すぐに」の取り掛かるまでの目安は10分以内。「小さく」の内容の目安も10分以内でOKです。

10分以内に、10分以内で完了する。そんな小さなアクションで、心と行動を繋げて、自分自身との絆をどんどん育てていきましょう。

# 自分の状態をチェックする習慣を持とう

## いい状態の自分も良くない状態の自分も受け止めていこう

ここまで読んでくださったあなたは、自分の気持ちを大切にしながらこれから作っていきたい幸せを、価値観や作りたい関係、そしてビジョンボードと様々な形で言葉に落とし込み、言語化してきたと思います。これが私のメソッドの《決める》ステップです。《決める》は「こうなろう♡」「こうしようっと♪」と手帳に来週のスケジュールを書くくらいの温度感でOKですが、具体的に言語化すると叶いやすくなるため、最初の準備は丁寧に行っていただきました。

準備のステップ以降、愛されマインドを整えて自分とのパートナーシップを育てていきましょうとお伝えしてきた、余白を大切にすること、I Messageと感情言葉、入れる言葉と投げかける言葉に気をつけること、そして自分ファーストや最善最良の法則、ワンアクションの法則……これらは全てあなたの【マインド状態】を守るためのものです。

何度も言いますが、自分との絆が結べていないと、相手とのパートナーシップは育てていけません。誰かと心地よく愛し愛され続ける関係を作っていくにも、まず自分自身との安定した関係です。

心の中の自分と親友になる、自分とのパートナーシップを育てるとはそのまま、いつも自分の状態に目を向けてあげて、良くない状態だなと気が付いたら、ケアしてあげることでできるだけ自分をいい状態でいられるようにしてあげる、ということなのです。

ここで決して勘違いしてほしくないのは、良くない状態＝ダメな自分ということでも、いい状態＝ご機嫌でいましょうということとも少し違うということ。

恋愛婚活を上手くいかせるためには、彼に愛されるためには、良いことを引き寄せるためには、ご機嫌な自分でいることが大切ですというのは、よく言われていることですよね。

私もずっとそう思っていましたし、そうなれるように努力もしてきました。

でも正直これ、無理なときもありませんか？

彼の前で、不機嫌でいるのは良くないのはわかる。でも1人のときだってご機嫌でいられない気持ちのときはあるし、2人のときだって、イライラすることもある。

「ご機嫌でいましょう」というのはあくまで心構えだと理解していましたが、気になる人や彼氏の前でそう振る舞えば振る舞うほど、そう振る舞えないときの自分を後から責めてしまい、デートが終わったら一人反省会が大開催！いつもより少しでもメッセージのテンションが違おうものなら不安で眠れない。彼氏のことは関係なく、自分のためにもご機嫌でいたいし、いた方がいいよねと、笑顔で明るく過ごすようにしていたって、毎日ある程度はルーティンだしウキウキワクワクなことがわかりやすく起きるわけじゃない。女性は生理前などホルモンバランスの影響で、何かがあったわけじゃなくてもネガティブな日だってあります。なのに、心の在り方としてのゴールをご機嫌でいることにしてしまうと、そうじゃないときの自分を否定することになってしまいます。

相手と実際に関わっていく、相手とのパートナーシップのためのコミュニケーションの側面から考えても、悲しい、辛い、嫌だなどのネガティブな気持ちは相手に隠すことになってしまい、自分自身がダメなんだと感じる。その全てが苦しいと気が付きました。

色々な気持ちがあって当たり前なのに、彼に対してご機嫌な自分以外は見せちゃダメ！

こんな自分はダメ！と思っていると、その想いが溜まってしまい自爆の原因になります。そうなると長期的なパートナーシップ構築は難しく、溜め込んで↓感情的にｏｒ一気に伝えるというコミュニケーションしかできないと、男性からは不安定な女性に映り、パートナーとしては見られないということにもなりかねません。もし、あなたがご機嫌でいることをゴールとしているなら、どうか今すぐストップしていただくことをおすすめします。

《いい状態》とは、理由のありなしに関わらず、

1　ウキウキしたりワクワクしたりする、いわゆるご機嫌な状態
2　いい意味で何もない、いつもの自分のテンションだなと感じるフラットな状態
3　リラックスしている穏やかな状態

この3つを指針としてください。特に重要なのは2つめのフラットな状態です。

あなたの元々の性格によりフラットな状態のイメージが少し低めなのか高めなのかは変わります。私個人のことで例に出すと、人見知りをあまりしないこともあって外交的に見られがちですが、元々性格的にはインドアなタイプなので、仮にものすごくワクワクしているハイテンションなときを１００、ローテンションなときを０とすると大体40くらいの

ちょっと低めが私の心地よいテンションになります。凪のような状態、良いことも悪いこともなかった「無の日」を2の基準と考えていただくとよろしいかと思います。

あなたがいい状態でいると、物事に対して自然に良い面が目に入り、行動も軽やかに起こせるようになっていきます。相手に対しても余裕ができるので、決めつけたり、考えすぎたり、批判してしまうことが減り、周りにも自然に優しく接することができますし、予想外のことが起きても「まぁ、そんなこともあるか♡」というゆとりも生まれてきます。

では良くない状態とは？このような状態を指します。

●自分と周りを比べてしまう
●相手や周りに対して「なんで○○してくれないの!?」「私のこと好きだったら○○してくれて当然でしょ！」などのコントロール思考になっている
●なんでもいいから好かれたいと思ってしまう
●何をしても上手くいかない……と感じる
●相手の態度で一喜一憂する
●自分の気持ちが日替わりでコロコロ変わる

これらは愛されマインドが乱れ、自分との絆がゆるんでいるサインです。

今、状態悪いかも？と感じたら、早めにワンアクションして、ケアしてあげましょう。

## 良くない状態の自分を助けてくれる、やることリスト

先ほど、自分の状態に目を向ける大切さについてお伝えしましたが、良くない状態＝自分自身がダメなんだ……と考えてしまっていませんか？

お腹が痛くなったら、温めたり、横になったり、お薬を飲んだりするはずです。今日は寒いなぁと感じたら、クローゼットからブランケットを出したり、温かい飲み物を淹れたりすると思います。通常は「お腹が痛くなったのは、私自身がダメな人間だからだ……」や「寒いと感じるのは私に足りない部分があるからだ……」とは思わないはず。

自分の状態は、日々変動します。どんな状態のあなたであっても、どんなことを思っても、あなたの理想は変わらずベストな形で叶いますし、あなたの価値は変わりません。

ここではそれを踏まえて良くない状態への気が付き方と、できることを。

「状態」は本格的に悪くなる前の前兆的なサインが存在します。

私の場合は、無意識に机の上が汚くなったり、スケジュールを入れすぎたりしているこ

とが、前兆なことが多いです。悪くなってから気が付くことも多いですが、気持ち的に落ち着いていても、机の上が荒れてきているな……と感じたら、その時点でワンアクションでスケジュールをすぐに確認したり、きゅんボックスを開いたり、「何がしたい？」と聞いてあげて、プチ自分とのデート時間を取ったりするようにしています。参考にしながら、自分に目を向ける習慣を大切に、自分なりの前兆サインを見つけてみてください。

状態が良くないかも？と気が付いたら、このあたりを見直して整えましょう。

- 自分とのデート日は取れている？
- 日常の中でI Messageと感情言葉を使い、自分とコミュニケーションは取れている？
- スケジュールの余白は足りている？
- お部屋は乱れていない？
- やりたいことを後回しにして、やるべきこと、やらないといけないことだけに時間を使っていない？
- 思ったこと↓ワンアクションするは、後回しにせずできている？

きゅんボックスの中に自分を満たすための小さなアクションをリストにしていれておくのもおすすめです。可愛い付箋やメモ用紙に書いて、お守りにしておきましょう。

**例　私を満たすアクションリスト**

- 行きたいカフェリスト
- 行きたいお店リスト
- アロマを炊く
- ストレッチ
- いつもより丁寧にスキンケア
- セルフハグ（195ページ）

状態が良くないと感じているときは、気になる彼に連絡する、など《相手に対して》何かするのは極力控えるのが望ましいです。お付き合いをしている彼がいる方も、将来の話題や直してほしいことなど、今後の2人に関わるような大切な話はしないようにしましょう。相手に満たしてほしいという期待がいつもより高まっている分、相手の顔色や反応に一喜一憂しやすく、悪い方にも考えやすく、感情的にもなりやすく、とにかくいいことは何もありません。状態が良くないからこそ不安も強くなっているため、何か言いたくなってしまうこともありますが……デート中に何か言いたいことが出てきても一旦は持ち帰り言わないようにする、疲れる場所には行かない、など無難に過ごすようにしましょう。

## 新しく恋愛を始めるときには「揺れ戻し」に注意!!

決めてから叶うまでの間は、映画や本の始まりから終わりと同じように色々な出来事が起こりますが、先に知っておくと慌てないのは、決めた後に起こる《揺れ戻し》です。

あなたが「よし、もう振り回される恋愛は卒業して、次こそ結婚に繋がるようなパートナーシップを育てて、大好きな人と満たされるお付き合いをして、結婚するぞ!」と改めて決めたとします。

愛されマインドの法則に沿って考えると《決めてから起こることは全て最善最良》でしたよね?全ての出来事は、そのときからあなたの夢を叶えるサポーターになるわけです。だからあとは、自分の気持ちに寄り添い状態をケアしながら、起こる出来事を見つめ、嬉しいときは味わい、悲しいときは意図を考えて（考えられないときは、ただ静かに落ち込んで）自分のふとした気付きや思ったことを後回しにせずに、ワンアクションしていく、シンプルに言えばそれだけで、どんな自分でも大丈夫♡という本当の自信（自己肯定感）が育ち、夢が叶いやすくなるあなたになることができます。

## 〈揺れ戻し〉の図

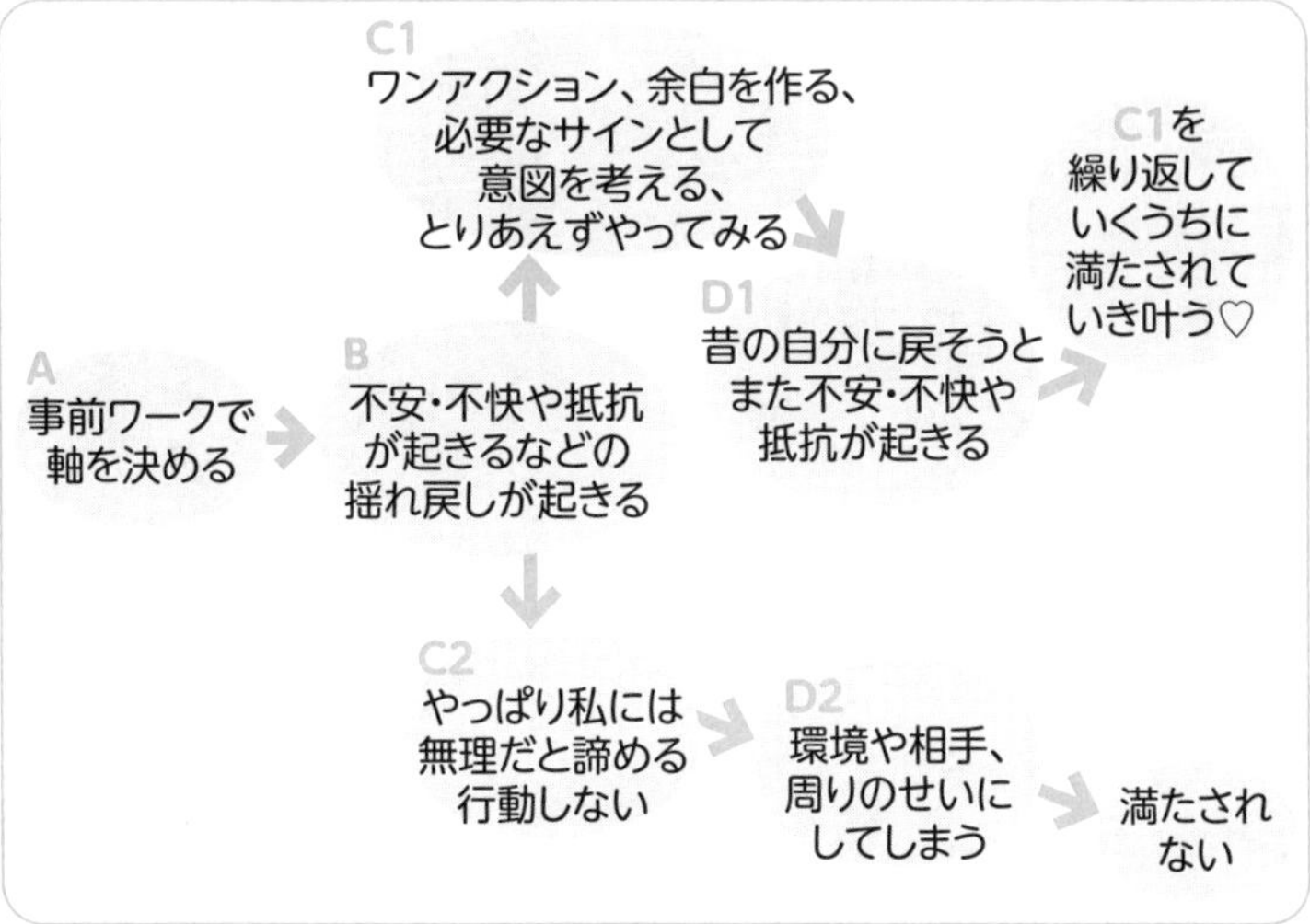
C1
ワンアクション、余白を作る、
必要なサインとして
意図を考える、
とりあえずやってみる
C1を
繰り返して
いくうちに
満たされて
いき叶う♡
D1
昔の自分に戻そうと
また不安・不快や
抵抗が起きる
A
事前ワークで
軸を決める
B
不安・不快や抵抗
が起きるなどの
揺れ戻しが起きる
C2
やっぱり私には
無理だと諦める
行動しない
D2
環境や相手、
周りのせいに
してしまう
満たされ
ない

揺れ戻しとは、その決めた後から一定期間起こる《あなたのやる気や前向きさを削ぐような不安になる出来事・気持ち》のこと。

新しいことを始めようとしたり、何かに再チャレンジしよう!!今度こそやるぞ！やってみよう！と意気込んだりしたのに、決めたらその後からぶわーっと「でも、これまでも無理じゃなかった？」「どうせまた同じことになる」「本当にいいのかな？」「ここじゃなくて別のところにするべきだったかな……」「間違ったかも」「やっぱり私らしくない気がする」「自分にはやっぱり無理な気がするからやめようかな」など、不安や後悔のような感情が一気に押し寄せてきた経験はありませんか？

これが《揺れ戻し》です。自分にとって長年のコンプレックスや、ずっと叶えたかった大きな夢、これまでたくさん傷付いてきたことなど、そこへの想いが深い事柄ほど揺れ戻しは大きく、心が不安で揺れ動きます。また気持ちの面だけでなく、急な異動や退職する人が出て仕事が忙しくなり時間が取れなくなる、急に周りの人から反対されるなど、現実的に目に見える形で状況の変化として起こることもあります。

揺れ戻しがどこにどのように現れるか?は決めた内容とは関係ないことも多いですが、恋愛面の現実に起こる方の例だと

●幸せなパートナーシップを作りたい!婚活始めるぞと、思い切ってマッチングアプリに登録。1人目と会う約束をしたら、当日誰も来なかった……。

●失恋の傷も癒えたし、いつまでも引きずっていても仕方ないから、前を向こうと決意した翌日に、元彼から「元気?」とメッセージが来た。

というような感じです。こういうことがあると一気に未来への自信もやる気も喪失し、不安が爆増しますよね。でもこの現象……そういうものなんです!

人の心と脳はとにかく変化に弱く、今の考えや環境から変わるのをとても嫌がります。《今までと変わるかもしれない＝危機だ!嫌だ!》と今の自分を守ろうとして、変わらなく

ていい理由を探し続け、あなたに色々な思考を出して働きかけ、なんとしても現状維持をさせるべく、引き止めようとします。脳科学的に言うと、脳の恒常性機能（元の環境に戻そうとする力）が強く働いている状態です。

あなたの頭の中の思考だけで揺れ戻される場合もあれば、思考と状況の変化両方のケースもあります。

変わりたいと本気で思っていても、それが夢に近づく行動だとしても、今の自分自身の状況に全然満足していなかったとしても《これまでの選択の結果の今現在の自分・状況》は、あなたの脳にとっては最大限に居心地が良く、変化は一貫して不快なことなのです。

揺れ戻しは、あなたの変わることへの怖さのエネルギーが現実に反映され、具体化されている状態です。

でも大丈夫！起こることは最善最良でしたよね？それに、出来事は全て最高のサポーターであることを思い出してください。揺れ戻しが起きる＝夢が叶うために必要な変化がさっそく始まっている証であり、ステージ変化のサインです！

揺れ戻しを理解し受け入れて、その都度決め直すことができるかどうかが、あなたが新しいステージに行けるか？の重要なポイントになります。

揺れ戻しは複数回起こりますが、あなたが「これからはこうなろう！」「これを始めよう！」と決めて、行動をスタートさせた直後が一番大きく出ることが多く、ここが最初の乗り越えポイントになります。

もちろん何事も決めたからと無理に続ける必要もないですし、進むのを、新しい行動を、今はしないというのもあなたの大事な意思のひとつであり選択です。【決めたこと】があなたにとって大切な事柄なのであればｏｒ何年も叶えたくて、でも諦めて、それでもやっぱり！という思い入れのあるものであればあるほど、その分綱引きのように、あなたにとっての、もっともらしい「動かなくていい理由」は、思考的にも、状況的にも、揺れ戻しとしてはっきり出てきます。揺れ戻しは、あなたの覚悟や想いを、試してくれているテストでもあるのです。決めて、スタートさせた後に出てきやすい、ワクワクしないから……という気持ちに従うのは少しだけ待って、「揺れ戻しだな」とただ受け入れて、一旦は何も行動を変えずやり過ごす、新しい方向への歩みを止めない……そんな選択肢を新しく持つことで、次のステージに行けることも覚えておいていただければと思います。

揺れ戻しが来たら、落ち着くことが一番大切。慌てず騒がずマイペースに。

私は大体最初の揺れ戻しは、1ヶ月くらい、「そういうものだ♪」「よしよし変わっていく道が始まったな!」とやり過ごし、そこで大きな決断や方向転換はせず、歩みは止めずに行動を継続させるorペースだけゆるめる、のどちらかで様子を見るようにしています。

**恋愛婚活面で揺れ戻しが起こりやすいタイミング**

- やっぱり彼氏が欲しい!結婚したい!と婚活を再スタートしたとき
- これまでと違うやり方を試そう、やってみようとしたとき
- 3ヶ月しか交際が続かないことが多い、など(いつもなら)お別れとなる期間が近づいてきたとき
- プロポーズや入籍直前

など、大きい変化の前に起こります。

- 自分に寄り添い余白を意識する

●嬉しいことは味わい、嫌なことが起きたときは、意図を考えワンアクション

●普段も、自分が思ったこと↓すぐにワンアクション

と自分とのパートナーシップを大切に、マインドを整えることに意識を戻すと、だんだん起きなくなっていきます。

あとは、決め直すこと。揺れ戻しもそうですが《そもそも、どこを目指しているのか？何のためにやっているのか？》という動機が自分の中でわからなくなってしまうと、迷子になります。丁寧に決めても、とても大切な夢でも、人は見失いますし、忘れてしまいます。落ち込んだら、何もかも嫌になるときだってあります。そんなときの合言葉は【そもそも、どうしてだっけ？】

少し余白を作り、自分とデートをしてのんびりしたら、120ページで説明するブレインダンプノートで不安を吐き出し、122ページの寄り添いノートの要領で、「私は、そもそも、どうして幸せなパートナーシップを作れるようになりたいんだっけ？」「私は、そもそもどうして、結婚したいのだっけ？」「私は、そもそも、どうなりたくてこの行動をしているのだっけ？」と、自分の想いを自分に聞いて、寄り添ってあげてください。

そうして、少し落ち着いたら「そうだよね。不安だよね。でも、私はやっぱりこれまでとは違うパートナーシップのある恋愛、結婚を叶えていきたいから、進んでいくね」というイメージで自分の想いを再度、声に出すことでセットする。これが《決め直す》です。

## 行動と思考は7対3がベストバランス

思考とは、頭の中で考えること、行動は身体を動かすことです。
恋愛や婚活は、その性質上悩みや迷い、不安がつきものです。

私たちは、普段生活している中で1日に約三万回、悩んでいるときにはなんと倍の約六万回、頭で思考していると言われています。恋愛婚活をしていると、相手の気持ちを考えたり、自分のしたことを振り返ったりしているうちに、どうしたらいいのかわからなくなって、気が付けばぐるぐる同じことを考えてしまい、そのうち考えすぎてもはや結婚したいのかもよくわからなくなってきた、なんてこともありますよね。「傷つくのが怖い……」「次は絶対に失敗したくない」そんな想いが強すぎると、つい色々理由をつけて後回しにし、じっくり考えようと行動は先送りにしてしまう。または感情が先走り、その場の気持ちや勢いだけで行動してしまう……あなたはどちらの傾向が強いでしょうか？

頭で考えすぎても、感情で動きすぎても、バランスが悪くなってしまいます。

私がおすすめする心地よく理想を叶えていけるバランス、それは《行動する割合7、考える割合3》です。このバランスを意識すると、考えすぎず、かと言って焦りすぎず、良いリズムで行動ができるようになります。また、行動の種類は2種類あります。

**行動①内動：自分の内側に向かっていく行動**（理由や原因を掘り下げて考える・ノートなどで整理する・瞑想するなど）

**行動②外動：他者、外側に向かっていく行動**（外出する・相談する・会話する・購入する・参加する・デートするなど）

現実を変えるのは行動です。とはいえ、自分の内側に向かっていく行動だけをしていてもやはり状況は変わりません。逆に、自分の内側とコミュニケーションを取らず、気持ちや感情、状況を認識しないまま、やみくもに外側への行動を続けても、軸が安定せずに外側の状況に振り回されてしまいます。こちらは5対5のバランスを目指しましょう。

# 自分との絆を育てるパートナーノートレッスン

## 理想を叶える7つのノート

自分との絆をより強くし、もっともっと自分と仲良くなっていくための、ひいては理想を叶える力をさらに加速するための特別なツールである、《パートナーノート》について解説していきます。

パートナーノートは、《夢が実現する》《自分との絆が育ちマインドが安定する》《パートナーとのコミュニケーションがスムーズになる》という3つの効果が期待できます。

私が最初にノートを使い出したのは小学校低学年の頃です。その頃ノートに書いていたものは、主に夢や欲しいものでした。夢と言っても、お絵かき用のスケッチブックに欲しいおもちゃや行きたい場所を書く程度で、今思えば親がこっそりそれを見て私の希望を叶えてくれていたところもあったと思うのですが……よく覚えているのは、四葉のクローバーがたくさん咲いている場所を見つけたいなと思ったときのことです。本で見たクローバーとシロツメクサの花冠と、クローバーを押し花にした栞を、どうしても作りたくなった私は、スケッチブックに《四葉のクローバーとシロツメクサがたくさん咲いている場所に行って花冠と栞を作る》と書きました。そしてその横に、たくさんのクローバーとシロツメクサの絵も描きました。ついでに、栞と花冠の絵も。もちろんこの時点では私はそのような場所に心当たりは全くなく、書くと叶うということも知らず、ただ、可愛いから書いた〜という気軽な気持ちでした。なかなか上手く描けたその絵に私はただ満足し、スケッチブックを机の中に片付けて、その日は終わりました。

それから数日後のある日、私はいつものように帰宅後、１人で図書館に行くことにしました。いつもは同じ道から行きますが、その日は天気が良かったこともあり「違う道から行ってみようかな」と思いました。特に理由はなくただふとそう思ったのです。

そうしていつもと違う道から、図書館の方に向かって歩いていると、初めて見る大きな公園を見つけました。中にテニスコートや遊歩道があるような公園で、たくさんの草花が生えていました。その中にあったんです！クローバーがたくさん咲いている場所が！

子どもながらにとても感激したことを覚えています。

もちろん後日、今度はお友達とその場所に向かい、念願の花冠と栞を作りました。《書くと現実になる》ことを無意識ながら体感した出来事として、今でも強く心に残っています。

そこから数えきれないほどたくさんの夢を書き、叶えてきました。最初は夢をリストアップしたり、イラストにして書くだけでしたが、その後パートナーシップを大切にし始めてからは、自分のマインドを整え、内なる自分と仲良くなるためのコミュニケーションツールとしても使うようになり、ノートは私の人生に欠かせないものとなりました。

ここでは《自分との絆が育ちマインドが安定する》ための書き方を中心にご紹介いたします。

決めたら、叶います。

ご紹介する書き方を参考に、決めてから叶うまでの期間はもちろん、一番大切な自分自身に手をかけてあげる習慣を作っていただけたら嬉しいです。

## 心と頭をすっきりさせる3分ブレインダンプノート

やっぱり私には、幸せな恋愛なんて無理なんじゃないかな、疲れた焼肉食べに行きたい、可愛いカフェに行きたい眠いよー
とりあえず今は仕事も恋愛も頑張りたい、後悔したくないから優先順位つけないとダメ？それなら今は恋愛がいい
今日仕事忙しいかなこの前のワンピース着ていきたい
色々心配はあるけどひとつひとつやる、無理しないぞ！いつも知らない間に無理しちゃうもんね、自分に優しくしたい後悔したくないだから休むときはちゃんと休んでメリハリつけたい
自分のこともっと大切にしたい、今日は早く帰ってきて寝るぞ！
あーまた不安になってきた
大丈夫かなあ、また前と同じようになったらどうしよう……怖いよ
それでもやっぱり私は少しずつでも変わりたい、頑張りたい、幸せになりたい！

### 書き方

①頭の中を空っぽにするつもりでそのとき思っていることを何も考えずに書く
綺麗に書こうとしなくてOK。何度も同じことを書いてもOK。
言葉が出てきづらいときは3分などタイマーをセットするのもおすすめ

### どんなときにおすすめ?

●モヤモヤが溜まったときや頭の中がごちゃごちゃしているときに

### 効果

●思考をクリアに保つ
●ワーク前の準備体操
●言語化力アップのトレーニング

## もっと自分を大事にできるwishME100ノート

| | |
|---|---|
| 1 温泉行きたい | →調べてピックアップ |
| 2 京都のカフェ行きたい | →明日有給申請する+行きたい友達に LINE下書き |
| 3 ピラミッドのぼる | →のぼり方検索 |
| 4 星野リゾートのスイート行きたい | →金額調べてよけておく |
| 5 熟成肉食べに行きたい | →予約する |
| 6 イラストの学校行きたい | →見学申し込みする |
| 7 タワーマンションに住みたい | →内見申し込みする |
| 8 パン教室やってみたい | →レシピ書いてみる |
| 9 メロンパン作りたい | |
| 10 家庭菜園 | |
| 11 アメリカのスタバ行く | |
| 12 シャネルの財布 | |
| 13 カルティエの時計欲しい | |
| 14 おばあちゃんに会いに行く | |
| 15 新しいコスメポーチ買う | |
| 16 自分で洋服を作ってみたい | |
| 17 高級ソファ欲しい | |

### 書き方

①したい、やりたい、欲しい、こうなりたいを100個書き出す
②ワンアクションアイデア出しをして実行していく

### どんなときにおすすめ？

- 自分の人生をもっと楽しみたいと思ったとき
- 恋愛（彼）に一喜一憂しているなと感じたとき

### 効果

- 自分が望んでいることの傾向がわかる
- 思考と行動のバランスが整う
- すぐ行動する習慣がつく
- チャンスを掴める自分になる

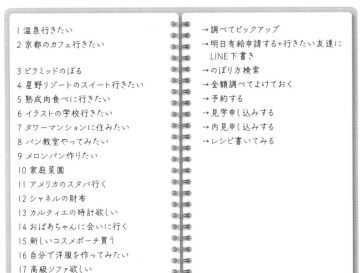

## 寄り添いノート

不安
なんで？

彼が何しているかわからないから
どうすればわかる？

連絡すればいい、だけどしつこい女と思
われるのも嫌だ
他の女の人といるんだと思う

なんでそう思うの？
最近怪しいから

もし彼が浮気してたらどうする？
今の私にできることは？

今は何も考えたくない……
そっかそっか、休も！

### 書き方

①自分の中の自分と対話するように話をとことん聞いてあげる、吹き出しやイラストを書いても◎

### どんなときにおすすめ？

- 疲れたとき
- 自分の気持ちがわからないとき
- 誰かに優しくされたいとき

### 効果

- 自分との絆が深まる

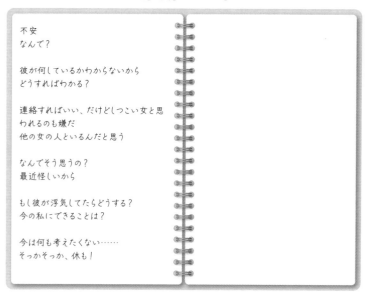

## ネガティブ、不安と仲良くなれるプロフィールノート

名前
モヤくん

どんなときに出てくるのが好き？
モヤモヤしたとき
夜中
心ないことを言われたとき

出てくると私はどうなる？
落ち込んで無気力に
自分に自信がなくなる

対処法
暴走しない
行動せずおとなしくする

名前
結婚いいなさん

どんなときに出てくるのが好き？
既婚の友人が妬ましくなったとき
親にプレッシャーかけられたとき

出てくると私はどうなる？
なんで私は結婚できないんだろうと考えてやけくそで出会いを探してしまう

対処法
早く寝る
リフレッシュできる場所に行く

### 書き方

①感情の似顔絵や特徴を書く

### どんなときにおすすめ？

- 感情に振り回されやすい方
- 特定のネガティブ感情が出てくると自己否定してしまう方

### 効果

- どんな自分も少しずつ客観視でき認められるようになる
- ネガティブでも自己否定しなくなっていく

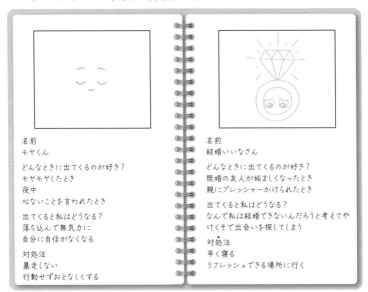

## デートノート（初デート）

デートシートNo○
名前　○山 △郎
ニックネーム　△郎さん
年齢　36
仕事　住宅メーカー
住まい　●△駅あたり
知り合った日　年月日
知り合った場所　マッチングアプリ●△
メッセージのやりとりを開始した日　年月日
初デートメソッドテーマ《笑顔で楽しむ》
初デートの日時 誘ったのは？　相手から話を振ってくれた
初デートの日時　年月日
初デートのマイテーマ　会話を丁寧にする
デート内容　ランチしてお茶して解散した
恋愛関連の話題　いつから彼女いないか聞いた、半年前に価値観が合わずに別れたらしい。私も聞かれたので、相手の仕事が忙しくて全然会えなくなってすれ違ったと答えた
結婚願望　あるみたい
希望時期　遅くても2年以内にはしたいらしい、なんで2年なのかは聞けなかった。そうなんですねで終わった
素敵だと思ったところ　ドアを開けてくれたり、歩き疲れてないか気にしてくれたりした。話し方が優しい
伝えた素敵なところ　言えなかった……次は言いたい
その他相手について知れたこと　仕事の内容、最近異動になって忙しいけど楽しいらしい、映画が好き、次回は映画を観に行こうという話になった。家に猫がいる
コミュニケーションの反省点　話し方が優しくて話しやすいなと思ったけど言えなかった。結婚についてせっかく話せたからもう少し聞いてみればよかった。ついそうなんですねと言ってしまう。
そこから次に活かすこと　いいと思ったことは伝えられるようになりたい
1回目デートを終えて、話の内容や態度から気になったことや聞いてみたいこと　なんで2年以内なのか理由を聞いてみたい
早口なのは緊張していたからなのか、関係ないのかが気になる
映画の話が多かったからそれ以外の趣味はあるのか
感想メモ
普通に優しい人だった　緊張していたのか少し早口なのが気になるので様子見
自分なりに丁寧に会話できたと思う
聞いてばっかりだったから次回は自分の話もする
※終了の場合は理由

### 書き方（1-3回まで共通）

①デート前に設問と《初デートのマイテーマ》までを書いておく。
②デート終了後、できれば当日～翌日までに書きながら向き合うとしっかり振り返れる。
③会うのをやめたい場合は42ページの自分軸条件リストも見返しながら、終わりにしたいと思った理由や気持ちを言語化しておく。直感の場合でも、一度は「なぜ?」「どこが違うと感じた?」と向き合うことをおすすめ。

### 効果（1ー3回まで共通）

- デート内容を振り返ることで次回に活かすことができる
- その日だけではなくて3回というスパンで相手との関係を捉えることで、相手を深く知っていく視点を持つことができる

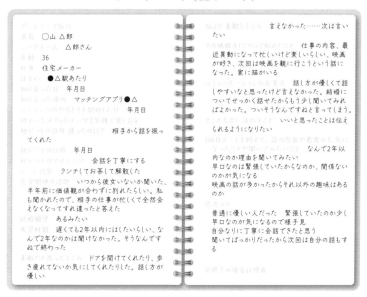

## デートノート（2回目デート）

2回目デート

日時　○××年○月×日

誘ったのは？（自分・相手・どちらでもない）

2回目デートメソッドテーマ《深める》

2回目デートのマイテーマ　そうなんですね、で流さずにもう一歩質問する

1回目からの聞いてみたいこと　なんで2年以内なのか理由と映画以外の趣味

伝える自己開示セリフ　私、これまで相手に嫌われたくなくて自分の意見が相手と違うときには相手に合わせるばっかりだったんだけど、次付き合う人とは結婚もしたいし、自分の気持ち押し付けるんじゃなくて話し合える関係を作りたい。△郎さんがどんな関係を作りたいとかある？あと遅くても2年以内って言ってたのは何か理由があるの？

デート内容　映画を観て夜ご飯食べた

素敵だと思ったところ　話し方が優しい、仕事の話するとき楽しそう

伝えた素敵なところ　前回も思ったんですが、話し方が優しくて癒やされます

自己開示をして相手が話してくれたこと　話し合いできる関係っていいよね　話し合いで解決するのって大事だと思う

聞いてみたことに対して その他相手について知れたこと　2年なのは子どものことも考えたいのと、何となくそれ以上になるとダラダラしそうな気がするからとのことだった。子ども何人欲しいの？→相手と相談だけど2人かな？とのこと
映画の他には、スパイスからカレーを作るのが好き？スパイスが好きらしい

コミュニケーションの反省点　特になし　楽しかった

そこから次に活かすこと　特になし

2回目デートを終えて、話の内容や態度から 気になったことや聞いてみたいこと　お店を予約してくれていないのが少し気になった

感想メモ
1回目より慣れてくれたのか早口じゃなかった。
前より私も自分のこと話せた気がする
次回の話はなかったからどうしよう

※終了の場合は理由

## デートノート（3回目デート）

3回目デート

日時　○××年○月×日

誘ったのは？（自分・相手・どちらでもない）

3回目デートメソッドテーマ《初心に戻る》

3回目デートのマイテーマ　聞きにくいことを聞く

2回目からの聞いてみたいこと　お店の予約についての考え方

デート内容　仕事終わりにタイ料理を食べに行った

素敵だと思ったところ　靴がおしゃれだった

伝えた素敵なところ　その靴素敵ですね～

聞いてみたこと　ここずっと来たくて予約取れてよかったです。私歩き回るの苦手で事前に予約したり電話したりしちゃうタイプなんですが△郎さんは？→そのときによるけど、記念日とか以外だとそこまで予約しないらしい、相手に合わせるらしい

話した内容やその他相手について知れたこと　お互いの仕事のことや気が合わない同僚について、カレーの話、兄弟の話を聞いた　弟とは仲良し

コミュニケーションの反省点　店予約の話のときに考え方違うなと思ったことが顔に出たかも

そこから次に活かすこと　譲れる範囲は譲りたい

感想メモ

最寄りまで送ると言ってくれたり、手を繋がれそうになったときに上手く返せなかった。次も映画に行くことになったから次同じことがあったら、お付き合いしてからがいいと伝えてみよう

※終了の場合は理由

※3回目以降のデートは3回目デートノートの書き方でOKです。

# Part 2

# お付き合いする前から絆作りは始まっている

# 交際前のデートで親密度の階段を作ろう

## 絆デートの始め方

## 【パートナーシップの勘違い&親密度の階段とは?】

ここからは、これから新たに彼を作っていく方に向けて、相手とのパートナーシップを育てていくための実践的な婚活の進め方についてお伝えしていきます。

お互いを心地よく大切にし合えて、大事なことも共有でき、結婚にも一緒に進んでいけるお付き合いを《絆の強い交際》、仲はいいけれど深い話や将来の話はできず、「今のままでいいのかな?」と不安になってしまう、または付き合い始めるとあまり連絡が来なくなったり、意見の違いやケンカで、そのまま別れ話や自然消滅するお付き合いを《絆の弱い交際》とすると、その2つの違いは【交際前のデート】にあります。

次の図は、出会ってから交際後の、2つの交際における、女性側の思考の違いについて表しています。右が《絆の弱い交際》左が《絆の強い交際》です。

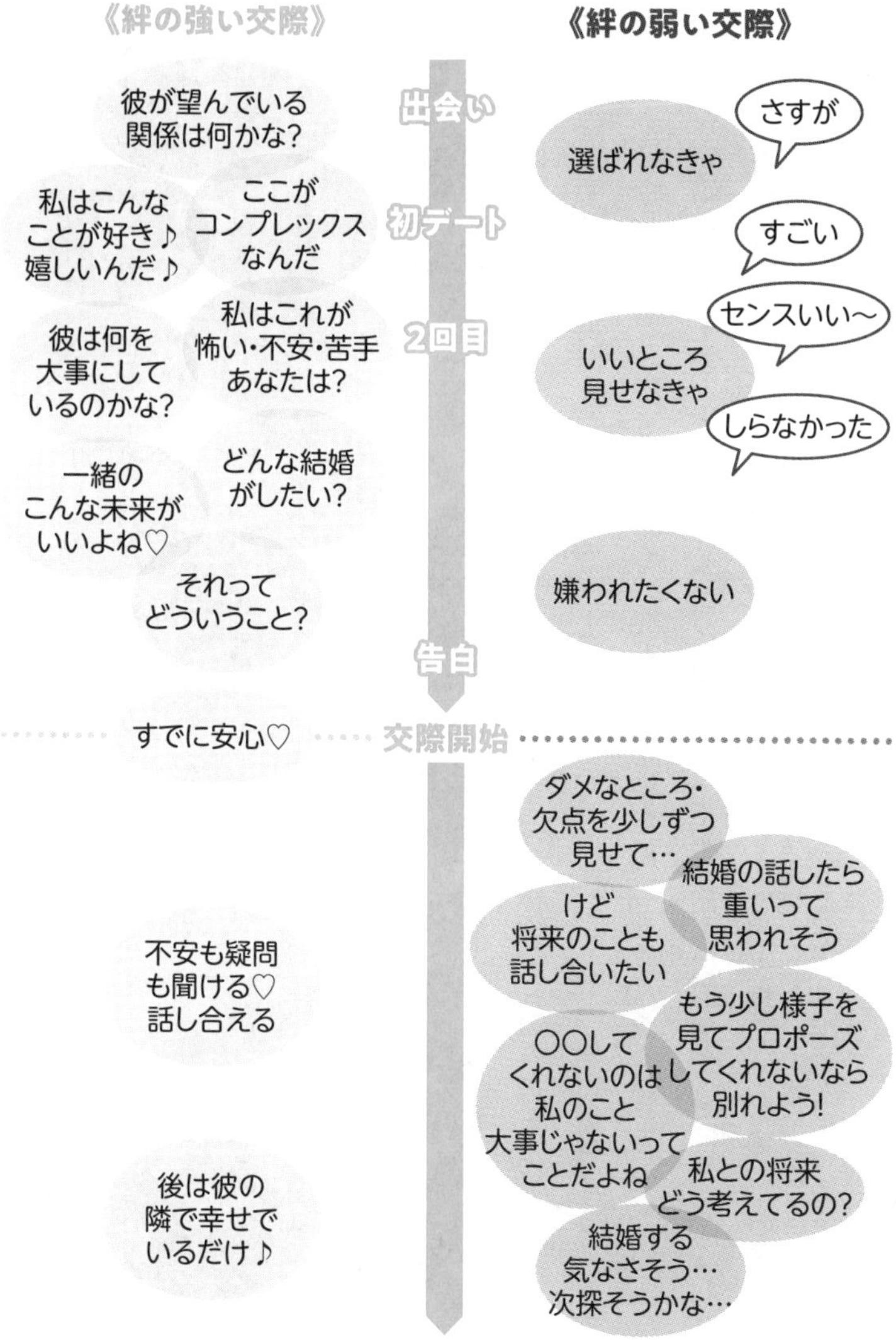
《絆の強い交際》
《絆の弱い交際》
出会い
初デート
2回目
告白
交際開始
彼が望んでいる関係は何かな?
私はこんなことが好き♪嬉しいんだ♪
ここがコンプレックスなんだ
彼は何を大事にしているのかな?
私はこれが怖い・不安・苦手あなたは?
一緒のこんな未来がいいよね♡
どんな結婚がしたい?
それってどういうこと?
すでに安心♡
不安も疑問も聞ける♡話し合える
後は彼の隣で幸せでいるだけ♪
選ばれなきゃ
さすが
すごい
センスいい〜
いいところ見せなきゃ
しらなかった
嫌われたくない
ダメなところ・欠点を少しずつ見せて…
結婚の話したら重いって思われそう
けど将来のことも話し合いたい
もう少し様子を見てプロポーズしてくれないなら別れよう!
○○してくれないのは私のこと大事じゃないってことだよね
私との将来どう考えてるの?
結婚する気なさそう…次探そうかな…

多くの婚活女性は付き合う前の期間を、相手の誠実さを見極めつつ、女性としてドキドキさせ、楽しく会話をして本気で好きになってもらうためのもので、信頼関係を作り始めるのは、《付き合ってから》と考えているため、交際前は《相手に気に入ってもらえること》に重きを置きがちです。例えば、「さすがです！」「知らなかった！」などのモテる女のさしすせそと呼ばれている恋愛テクニックも、男性を喜ばせ、期待させることで気に入ってもらうことを目的としています。気に入ってもらうこともある程度は大切ですが、図のように気に入ってもらうことをメインとしたコミュニケーションを取っていると、付き合ってから、徐々にあなた自身が思っていることを言っていくという形になります。

これは問題がないように見えますが、例えば、あなたが婚活し、ある彼と出会うとします。会うと楽しく、毎回すごく話が盛り上がる。くだらないことで一緒に爆笑することもあって、好意がどんどん膨らんでいく。彼も早く結婚したいって言っていたし、この人だと付き合い始めたとしますよね。付き合って数ヶ月、将来の話が何も出てこない……となったとき、あなたは雑談や趣味で毎回楽しく盛り上がるデートが定番となった空気の中、これまでほとんどしてこなかった将来の話や自分の不安を彼に切り出せるでしょうか？

おそらく多くの方が難しいｏｒもし言えたとしても

●軽く話を振ってみたけど、すぐ話が終わってモヤモヤ……けどそれ以上もう言えない
●すごく深刻な空気になって、泣いてしまい重いムード。もう怖くて話題に出せない

となることが想像できるのではないでしょうか。この状況が最も多い、お付き合いができても、結婚まで進展しない原因です。

人との関係は積み重ねです。加えて男性には恋愛モードが存在します。先ほどの例の場合、現在の彼のモードは《趣味と話が合って話していて楽しい彼女》です。男性は変化に弱いため、《こういう相手だ》と設定した相手から、それ以外のモードが突然出てくると混乱し対応できなくなってしまいます。

ゴールがただ仲良しな彼氏を作る、であれば気に入ってもらう、つまり好きになってもらうだけで問題ないのですが、《パートナーシップのある交際》を目指すなら、出会ってすぐの交際前のデートから、一段ずつ積み木を積み上げるように【親密度】の階段を作り、恋愛モードをできるだけ《将来を考えたい女性》の枠に近づけておくことで、交際後は、驚くほど楽に相手とコミュニケーションが取れ、先へ進んでいけるようになります。

お相手の人間性も事前にある程度理解し合えるので、付き合ってから「こんなはずじゃ

なかった……」というギャップも少なくすることが可能です。

恋愛モードは、交際後から切り替えることも可能ですが、少し時間をかけていく必要が出てきます。2人の関係は積み重ねでできていくので、早ければ早いほどスムーズです。

交際前のデートに意識を向け、相手に好かれること、嫌われないことにフォーカスした《気に入られるためのコミュニケーション》からあなた自身の気持ちや感覚も大切にした《お互いを大切にするコミュニケーション》へとシフトしていきましょう。

このように、お互いの価値観や気持ちの交換にフォーカスし、関係を育てていくデートの仕方を《絆デート》と呼びます。これまで多くの皆様から「これまでとは比べ物にならないほど大切にしてくれて……心地よく愛され続けるって、溺愛ってこういうことなのか！と初めて腑に落ちました」と仰っていただけます。

絆デートはざっくり言うと、交際前のデートのコミュニケーションを相手からよく思われるためのものから、お互いのことを知り合い、受け止め合うためのコミュニケーションにシフトするというものになります。

これまで趣味や好きなものの話など雑談が多かった方には、少し戸惑うかもしれませんが何回か《練習デート》し、慣れてしまえばとっても楽に軽やかに、大切にされる関係、将来を考えられる関係をほぼ誰とでも作れるようになりますので、ぜひ気軽にスタートしてください。

女性の多くが、結婚や将来の話＝男性にとって重いもの、と思っているのと同じように、今すぐにでも結婚したいタイプの男性を除いて、その他7割を占めている「まぁいい人がいたら、将来的には結婚したい」タイプの男性にとって、結婚への潜在的イメージや、これまでの彼女さんとの将来の話をした経験（大体女性側から一方的に問い詰められた経験、その他、話し合いができなかった経験）から結婚・将来の話は、すごく大変そうで、責任が伴って、まだまだ早い先のこと……と思っています。

そこで、大切なのは最初。鉄は熱いうちに打てと言いますが、絆デートで最初に恋愛モードを調整することで、男性側に「あれ？今までと違ってこんなに自然に将来の話ができている＝きちんと誠実になれる相手＝この子なのでは？」と感じさせることができます。

絆デートは、いくつかのポイントを押さえるだけであなた自身が「まず相手」ではなく自分の気持ちを大切にすることができ、お相手の本質も見極められ、前のめりになることなく自然に将来を考えられるパートナーシップのベースを作っていくことが可能です。

## 絆デートの基本ルール

### デートの定義について

新しく知り合い、連絡先を交換してから正式に交際が始まるまでの期間を交際前と定義します。デートの定義は、《2人で会うこと》とします。2人ならば、会う時間の長さは気にしなくてOKです。複数人で遊びに行く、複数人で食事に行くことは、ここではデートとしてカウントしません。（124〜126ページのデートノートと一緒に、関係を育てていきましょう。毎回のデート終了後、ノートでふり返りを行います）

### 回数と期間についての注意

絆デートメソッドは《3回のデート》で構成されています。

必ず3回で収める必要はなく、デート内容やお相手のペースなどによって回数は前後しますが、お付き合いの申し出がなく、こちらからもしないまま、時間をかけてデートの回数を増やしすぎてしまうと、お互いのテンションが落ち着いてしまい、男性側の恋愛モードも固まってきてしまうため、進展の流れは作りにくく、お付き合いやその先の進展は逆にどんどん難しくなるので注意してください。

また逆に、早く彼氏を作らねばと【3回デートをする】という数と手順にだけこだわり、知り合ってから1ヶ月未満で3回デートをして交際まで持っていこうとするのは、結婚などを見据えて絆を作る、という点から考えると結婚相談所などシステム上のルールがある場合以外は、急ぎすぎです。関係性は積み木のようなもので、テンポが速すぎると、積み上げた親密度の階段は壊れやすく、交際後のギャップも生まれやすくなります。焦る気持ちはよくわかりますが、意識して自分の中の時間軸を調整しましょう。

新しく知り合った方の場合、回数は平均3回、期間も平均で2ヶ月程度が目安です。多くても回数は6回、交際スタートまでの期間は連絡先を交換してから最大4ヶ月を目安としてください。

※元々知り合いｏｒ友人の場合は、初回デートメソッドを実践した日からカウントします

※相談所での出会いの場合は少し手順が変わりますので156ページからの【結婚相談所の場合】もお読みください。

## 絆デートの効果を最大限に高めるために

絆デートは、相手から気に入ってもらうことを一番の目的としたデートではなく、お付

き合いするまでの期間で重要な、気持ちを育むための距離感やテンポの良さは残したまま、お相手と誠実に繋がることができ、相手の色々な側面もフラットに知っていけるデート方法です。ですからこの人だ！と思った特定の相手だけではなく、デートすることになったお相手全員にトライしてみるのをおすすめしています。

繰り返しになりますが、こちらがどう関わるかでその男性との先の関係性は変わります。当然相手の男性に対する、興味のレベルによってテンションややる気は違うと思いますが、基本的な接し方を変えずに統一することで、より効率よく相手を知っていくことが可能です。また、相手に決して押し付けない形で自分の軸を適切に表現できるようになれます。そんな女性を男性は手放しません。と言っても驚かれるのですが、相手の気をわかりやすく引くための特別なことは一切行いません。駆け引きのようなこともしません。

それでもこれまで
好きになった人には好かれない
付き合うことなく何となく終わってしまう
いいなと思う人に出会えない
最初は優しくても振り回されて終わる

入学時はそのような状況であったアカデミーの受講生様も、絆デートをきっかけに神彼氏を作られた方は、信頼と安心で繋がれるお付き合い、そして結婚へとステージを続々進めていらっしゃいます。

取りこぼしを防ぐためにも、明らかに自分軸条件リストの1回目までのところから外れている方、人として受け付けないレベルの常識のなさや、嫌悪まで感じるような方以外には、2回目デートまでは実践することをおすすめしています。初デートからあなたにとって完璧な男性はほとんどいないからです。

## 絆デートの目的（ゴール）

絆デートのゴールは告白され彼氏を作ること、ではなく《お互いを深く知り、これからのパートナーシップのベースを整えること》です。あなたにとっての最高の彼氏ができるのはその結果です。あなたが「彼氏を作ること」を最初の目的としてしまうと、その意識の通り付き合えるけどそこで終わりの関係になっていってしまいます。目先の感情に捕らわれて、【お互いを心地よく大切にし合えて、大切なことも共有でき、結婚に一緒に進んでいけるパートナーを作りたい】という本質を見失わないように気をつけてくださいね。

### できれば会っている間に軽く2回目の約束をする

●もう絶対会いたくないならする必要はないですが、相手を知れるのは2回目からのため可もなく不可もなくなら、一旦は会う方向で考えてみましょう。
好きな食べ物、観たい映画、行ってみたい季節のイベントなどの話題を意識。
「行ってみたいですね」「次回はそこにします?」などの会話になれば「いいですね〜行きたいです♪予定確認してまた連絡しますね」
↓
解散後のお礼の連絡のタイミングで「お礼+映画、○日以外の土日なら合わせられそうなのですがいかがですか?」など解散後にご自身の予定を入れるとスムーズに次回の流れを作れます。

### 次回デートのお誘いがない

よく「次回は○○に行きたいですね!」と言われ「いいですね!」と伝えたのに「またぜひと言われたきりちゃんと誘われず落ち込みます……」という相談をされるのですが、共感のみの返事は、男性も「社交辞令かな?」と出方を迷うものです。

具体的な日程を聞かれない=誘われていないわけではありませんし(180ページ参照)、逆に男性側が社交辞令であっても、相手にも好みや都合があるだけのこと。

少し残念かもしれませんが、初デートはお顔合わせ程度のもの。
そこで興味を持たれなくても好みの問題でしかなく、お互い様です。

こちらが過度に気に病む必要も、自己否定する必要もナシ!
「私とのチャンス逃すなんて残念♪」くらいの気持ちでいましょう。

### 注意すること

●楽しくても電車がなくなる時間まで遊ばない
●お泊まりや身体の関係を持たない
●初回で付き合わない
●泥酔しない
●カラオケや自宅など密室には行かない、車には乗らない

## ■ 初回デート

### 初回デートテーマ【笑顔で楽しむ】

初デートはあまり難しく考えず「どんな人かな?」と軽い顔合わせのような気持ちで♡その時間を楽しむことにフォーカスしましょう

### おすすめの場・時間帯

- ランチやお茶など(長くても3~4時間)
- 夜のお食事の場合2件目に行くのは次回からがおすすめ

### デート前準備

①自己開示セリフ作成
自己開示は原則2回目ですが、相手から結婚の話題などが出てきたら伝えてOK。

②「なんで前の彼と別れたの?」「結婚したらどうしたい?」の回答準備
別れた理由を聞かれた際は、連絡が取れなくなった、殴られる、などネガティブな場合直接的なワードは控え「色々考えたけれど、すれ違いが多くてお互いに結婚は難しいとなった」「感情的になる人で話し合いができなくてお別れを決めた」などひとまずは柔らかく話すことをおすすめします。結婚後の話題になったときのために、36ページのスタイルワークも見直しておきましょう。

③自分があまり聞かれたくないことへの回答準備
聞かれると答えに詰まってしまうようなことです。自分なりの回答準備を。答えたくない場合は「少し話しにくいからもう少し仲良くなってからでもいいですか?」「ごめんなさい。上手く話せなくて……」とそのままお伝えする手もあります。

### やることリスト

1. 基本の5つをできるだけ使うようにする
ありがとう・嬉しい・楽しい・幸せ・教えて。5つ全てを必ず使う必要はナシ♡

2. 笑顔&姿勢
背筋は自然に伸ばす。対面の席で話をするときには手をテーブルに少し出して重ね、上体を少し相手の方に傾けてお話する等、動きがあると自然に興味を持っている雰囲気が出ます。

3. ひとつは恋愛の質問をする
「どんな人がタイプですか?」など雑談レベルでOK、聞き返されることもあるため自分も答えられるように。相手から聞いてきたら聞き返すだけでも◎。

## 注意すること

お付き合い前のスキンシップがあったら、「次お付き合いする人とは結婚も考えたいからきちんとお付き合いしてからじゃないとそういうのは難しい」などきちんと意思表示を。

その流れで告白されるなど不安な流れの場合はその気持ちを伝えましょう。

スキンシップからの交際申し込みは勢いだけのことが多いため、仕切り直してもらうのがおすすめです。

例)「気持ちは嬉しい。ありがとう。

　だけどこの流れだとどうしても少し不安だから
　もしちゃんと付き合いたいって思ってくれてるなら別のタイミングが嬉しい」

例)「ありがとう、すごく嬉しい!

　ただまだお会いして2回目だからもう少しお出かけしたりして
　お互いのこと知れたらなって思うんだけどいい?」

## 価値観質問リスト

- なぜそれが好きなの?
- どういうきっかけで好きになったの?
- 仕事でやりがいを感じる部分は?
- 仕事のどの工程や瞬間にワクワクする?
- これまでで一番感動して泣いたことは?
- 今までで一番怒ったことは?怒るとどうなるの?
- 人を好きになるときに重視することは?
- これだけは絶対に譲れないパートナーへの条件ってある?
- 恋愛に求めるものってどんなこと?
- 幸せを感じる瞬間ってどんなとき?
- もしドラえもんがいたらどの道具を使いたい?
- 今一番欲しいものは?
- これまで自分で買った一番高いものは?
- これまでで一番買ってよかった!って思ったものは?
- 1日で1億円使わなきゃいけなかったらどう使う?
- もし私のこと好きになってくれたらどうやって告白してくれる?
- 子どものときの一番古い記憶ってなに?
- 学生時代、どんなふうに過ごしてた?何が楽しかった?
- ○○くんの地元の方言で好きですってなんていうの?
- 火星に無料で移住できるとしたらチャレンジしたい?
- もしお家買うなら一軒家かマンションかどっちがいい?
- 無人島に1つだけ持って行くとしたら何にする?
- 老後はどうやって過ごしたい?
- お味噌汁の具、何が好き?
- お雑煮って何味派?
- カレーってサラサラ派ドロドロ派?

## 2回目デート

### 2回目デートテーマ【自己開示で一緒に深める】

2回目からが本番。お互いを知り、同じところ、違うところなど相互理解を深めていきましょう。

### おすすめの場所・時間帯

- 映画+夜ご飯など、少し長めが◎
- 1回目デートが昼間なら夜ご飯にするなど、シーンを変えると違う面も見られます

### 事前準備

①1回目を踏まえて、聞きたいこと、深めたいことを整理(デートノート参考)
例)仕事の話が多かったから、プライベートの話をしよう
今の仕事を選んだ理由が気になったから聞いてみよう　など
②自己開示セリフを何度か呟き、口に馴染ませておく
③価値観質問リスト(140ページ)から何を聞くか決めておく

### ご馳走後のお礼について

前回にご馳走してもらってお返しをしておらず、かつこちらに好意がある場合は小さなギフト(1000円程度のお菓子など)も効果的です

### やることリスト

1. 自己開示セリフを伝える
2. 価値観に触れる質問を1つはする
リストから1つ以上聞いてみましょう。聞き返されることもあるので、自分の答えもイメージしておくのが◎
3. 前回を受けて聞きたいこと、深めたいことを聞く
事前準備で考えていたことがあれば聞く。会話に繋がりが生まれます。

### ~自己開示セリフの伝え方のコツ~

- 食事中などの会話の中で伝えるのが自然ですが、いつでもOK
- タイミングが掴みにくい場合は、お化粧室に行くなど、一度席を外して戻ってきたタイミングで伝えると空気を作りやすいです。

デート前日などの明日はよろしくLINEのときに「明日はお互いのことをもっと色々話せたら嬉しいです」など前置きをしておくとさらに伝えやすくなります。

## 告白されたら

OK:感謝と喜び+付き合いたいという意思+今後への挨拶

例)「ありがとう嬉しいです!私も○さんとお付き合いしたいです。
これからどうぞよろしくお願いします♡

お断り:丁寧に誠意を持ってはっきりと伝える　理由は必ず言わなくても◎

例)「気持ちは嬉しいけど、お付き合いはできないです。ごめんなさい」

## 相手の言い方が軽く感じた場合は確認しよう

不安な気持ちをそのままにしないことが大切

例)
「すごく嬉しいのだけど私は、前少し話したように次付き合う人とは結婚を
視野に入れてお付き合いしたいんだけど……そのあたりは大丈夫かな?」

## お付き合い了承後、帰宅してから

改めてお礼+未来がワクワクするような一言を添える
ここから新しい関係なんだなと
誠実なけじめの気持ちを持ってもらう効果も◎

例)
「今家に着いたよ!改めて今日はありがとう。
◎くんの彼女になったんだなぁと嬉しい気持ちです。
これから2人で色んなところに行ったり
たくさん話をしたりして楽しいことたくさんしたいです♡
これからよろしくお願いします」

## ■3回目デート

### 3回目デートテーマ【初心に戻り笑顔で過ごす♡】

これまでのデートを振り返りながら楽しむという初心に戻る気持ちでリラックスして過ごしましょう

### おすすめの場所・時間帯

- ランチ→デートスポット→夜ご飯　など長めでも◎
- 解散間際の告白が多いため、少し時間にゆとりを

### 事前準備

①2回目を踏まえて、聞きたいこと、深めたいことを整理（あれば）
例）
仕事の話が多かったから、プライベートの話をしよう
今の仕事を選んだ理由が気になったから聞いてみよう　など
②出会ってからの一緒に過ごした時間の中で嬉しかったことを思い出しておく

### やることリスト

1. 笑顔で過ごす
2. 出会ってからの思い出を振り返り、嬉しかったことを1は伝える
時間の経過を感じさせることで心理的な距離が近づきます。
例）
「初めて会ったとき、優しそうな人だなって安心したことを思い出したよ」
「最初の方のデートでさ、大丈夫だよって言ってくれたこと、今でも嬉しいんだ」

## ■ 絆デートQ＆A

### Q1 自己開示セリフを伝えたり、価値観に触れる質問をしても共感してくれない or そうなんだと言われるだけ…or 違う意見を言われて自分とは考えが違うと感じます

自分の気持ちを提示することと、今の相手の気持ちを知ることが目的。共感されなくても、相手が具体的なことを言ってくれなくても、「私はこう考えています」と伝わるだけで相手との関係ができていきます。

### Q2 5回経っても告白されないときは?

付き合いたいなら「あのね、これまで何回か会っていて、私は○さんのこと素敵だな、お付き合いしたいなって思っているんだけど○さんは今の気持ちはどんな感じですか?」と相談ベースで話すのがおすすめです。

このときも私はこう思っているんだけど、あなたは?という形を忘れずに、必ずI Messageで自分の気持ちから＋相手に投げかける形で伝えましょう。

### Q3 LINEで告白された…嬉しいけど複雑なときは?

ありがとう!すごく嬉しいんだけどLINEだとどうしても少し複雑な気持ちもあるから次に会ったときに、直接言ってほしいです><お願いしてもいいですか?

このようにお礼＋喜び＋複雑＋要望＋投げかけが断られにくいし、頑張ってくれるのでおすすめです。

# 出会い方別、気をつけるポイント

婚活はとてもエネルギーのいる活動です、だからこそ、アプリも登録して、相談所にも登録し、友達にも紹介を頼んで……と並行する方も多くいらっしゃいます。やみくもに出会いの数を増やすよりも、自分の気持ちや状態にフォーカスし、余白を意識しながら、いい状態でいられるようバランスを取りながら相手と向き合っていく、それが遠回りなようで実は一番速く確実に、結婚にもきちんと繋がる絆のあるお付き合い、結婚が叶う方法です。それを踏まえた上でここでは、代表的な４つの出会い方を例に、押さえておいた方がいいポイントをお伝えしていきます。出会った人と良い関係を育てていくためにも、あなた自身が疲弊しないためにも、効率よく好意や信頼関係を育てていきましょう。

## マッチングアプリの場合

タップひとつで繋がれるその気軽さ、人の多さ、そして相談所ほど気負うことなく始められるのがメリットです。条件よりもフィーリングを大切にする傾向があるため、親しみがある写真＋シンプルで伝わるプロフィールにすると最初のきっかけが掴みやすいです。

## おすすめの写真構成4枚

男性は視覚情報からその女性に対してのモードを暫定的に決めるため、何を差し置いてもまずは写真です。写真は3～4枚程度で、基本的には普段のスナップ写真（プロに撮影してもらった写真ではないもの）を基本構成にした方が好感度は高くなります。

①笑顔で1人で写っているもの
②①とは、シチュエーション、笑顔の種類が異なるのもの
③全身写真や風景メインの少し引きの写真
④趣味や好きなことに関する写真

3枚の場合は、③以外の①②④を準備してください。

1枚目は①②のどちらかを設定しましょう。全3枚の場合でも4枚の場合でも、ここでのポイントは《バリエーションを意識する》《1枚目か2枚目に最低一枚は人に撮ってもらった距離感の写真を入れる》ことです。例えば、①が自撮りの写真の場合は、②は、カ

フェで友人にテーブル越しに撮影してもらった写真にする、①室内で歯を見せて笑っている写真の場合は、②旅行先でお花と微笑んでいる写真にする、などです。全て同じ表情や画角だと、相手に閉じた印象を与え、「会ってみたいな」とは思われにくくなります。

アプリの写真とプロフィールは《実際に会うためのチケット》です。バリエーションをつけ、人が撮った距離感の写真を入れることで、あなたと《会う》ということを、自分と一緒にいるときのあなたを相手に自然にイメージさせることができます。

## NG写真

●加工しすぎ、アップすぎる自撮り写真

加工のしすぎは不自然な印象です。カメラを持った腕を顔に対して真正面に伸ばすと、腕も入り不自然です。カメラの位置を調整しましょう。

●自撮りでアップの写真ばかりｏｒキメ顔ばかりｏｒ遠すぎて顔がよくわからない

自分中心な印象、自信のない印象を与えるため、軽い男性を引き寄せます。風景がメインの写真などは、２枚目以降に設定しましょう。

●周りの人をスタンプで隠している写真

チープな印象です。どうしても使いたいなら、あなたの部分だけ切り取っても大丈夫なものにするか、写っている人数はあなたの他に1人までで、スタンプは1つ、2枚目以降にしましょう。スタンプで隠しても男性と写っている写真は使わない方がベターです。

人の目に留まる印象がいい写真とは、自然な光が入っていて、笑顔であり、明るい印象を与える写真のことです。自然光が入ると顔色も良くなるので自分で撮影する場合は、自然光が自然に入る位置で撮影しましょう。加工する場合も、写真全体を少し明るくする、少し肌を綺麗にするくらいに留めておくと好印象です。

趣味や好きなことに関する写真は、あなた含め人物が入っていなくても構いません。ここでの注意ポイントは、初対面の相手と共有できる、したいと思う範囲の表現にすること。どうしても先入観で合う合わないを判断されてしまうことは、悲しいですがあります。最初から全ての趣味を全開にするのではなく、段階を踏んでいくことも必要です。好きなことの中から、映画・音楽・読書・料理・食・旅行・カメラ・スポーツ・アウトドア・クラフト・ペットなど、初対面の方とも一緒に楽しめるものにしておくのがおすすめです。実際にそれをしているときの写真、作ったものや食べたものの写真などを設定しましょう。

例えば私の場合、リカちゃんなどのドール、高級なお寿司なども好きなのですが、そういった写真は、私のことを何も知らない相手には、余分な憶測や偏見を生む可能性もあるので会うためのチケットであるプロフィールには設定しません。

嘘をつく必要はありませんし「私はこう！」と貫くのも素敵なことですが、どの部分をいつ、どう見せるか？によって、印象も関係も変わることは覚えておくと良いと思います。

## プロフィール文

アプリで相手から質問をされたときに「プロフィールにも書いていることなのに。もしかしてちゃんと読んでくれてないのかなぁ」と感じたことはないでしょうか？

そうなんです。もちろん人によりますが、プロフィールはそこまできちんと読まれていません！と言っても、全く読んでいないのではなく、写真以外の部分は《ザッと全体に目を通すレベルで読まれている》と考えると良いと思います。

それを踏まえ、プロフィールで押さえるべきポイントは、ザッと目を通したときに読みやすい、伝わりやすい内容にするということ。

アプリの写真やプロフィールは《会うためのチケット》でしたよね？

その中で写真の役割は第一印象を高めることにありますが、プロフィール文含む設定項目の役割は、基本的な情報＋望んでいる関係（ニーズ）の提示＋デートに誘いやすい、話しかけやすいきっかけ作りのためのものと考えましょう。

が生まれやすいプロフィール

例）

## ○○○（名前）

はじめまして。ご興味を持ってくださりありがとうございます。結婚も視野に入れたお付き合いを考えていける方と出会えたらと登録しました。

小学校にて教員をしています。
周りの友人からは笑顔を褒めていただけることが多いです。私自身、できるだけ笑顔でいられるように頑張るときとリラックスするときのバランスを大切にしたいと思っています。

インドアに見られがちなのですが意外とアクティブです。学生時代は、バックパッカーとしてアジアを周りました。
働き出してからは海外にはなかなか行けていないのですが、おすすめの国や良かった旅行先の話など国内外問わず知りたいです。
最近はカメラにも興味が出てきました!

好きな食べ物はカレーです。バターチキンが特に好きで自宅で作ったりもします。

好奇心旺盛なので、相手の好きなことも好きになりたいです。
結婚したら、2人の時間も1人の時間も大切にしながら、家族みんなで料理したり、旅行したりたくさんの思い出を一緒に作っていけたら素敵だなと思います。

まずは、お茶かランチから気軽にお会いできれば嬉しいです。
どうぞよろしくお願いいたします。

## ■ 付き合った後、結婚したら、などの《その先》のイメージ

プロフィール
写真
(146ページを参考に設定)

### ●ニックネーム(名前)

イニシャルのままだと呼びにくく、何とお呼びすればいいですか?などの無駄なやりとりも増えるため、お相手がメッセージの中で初見でも、仮の呼び名としてスムーズに呼べる(書ける)ようなシンプルなものに。

### ①基本情報

挨拶+登録のきっかけ+簡単な仕事についてなどの導入部分と結婚願望など。1年ほどでしたいと思っているのに、引かれそうだから……というような理由で、いい人がいれば　などの無難なものにしていることに意味はありません。細かな部分は会ってから擦り合わせていけますし、将来に対するニーズの提示は重要です。会う前から変に遠慮し嘘を吐くのはやめましょう。

### ②人柄がわかる文

仕事に対してやりがいを感じている部分、毎日の生活の中で大切にしていることなど

### ③周りの人から褒められる(少し自信がある)ポイント

サラッと書くと、内面も安定しているイメージを持たれ好印象です。外見に触れるときは肌、髪、手などクリーンなイメージの部分を書くようにしましょう。

### ④好きなこと・趣味

相手がデートに誘いやすい《フック》を意識。好きなことや趣味の中から初デートに繋がりやすいもの、話題が広がりやすいものを中心に書くとシンプルにまとまります。

### ⑤パートナーと作りたい関係

どんな関係が理想なのか?をシンプルに提示する。「2人で一緒に」というワードを入れると押し付けがましくなく◎。

### ⑥初デートに対しての希望

まずはお茶から、ランチから、などの簡単な希望がもしあれば最後に軽く書いておくと読んでもらいやすいです。

## マッチング後の会うまでのテンポに気をつけよう

アプリは気軽に繋がれる分、最低限の人柄や雰囲気を確認するためにも、不安な場合は、最低1週間程度はやりとりを重ねることをおすすめします。すぐにお誘いがあり、不安な気持ちがある場合は遠慮せず「お誘いありがとうございます。ただ、まだ繋がったばかりなので、もう少しお話ししてからでも大丈夫ですか？」とお伝えしましょう。お礼＋確認する形で聞くと向こうも返答しやすく「いやそれでも！」という方向にはなりにくいです。そうなったとしても「この方は（こちらが丁寧にお伝えしても）自分の都合を優先する傾向があるんだな」と人柄を判断するひとつの材料になります。新しい人に会うことに不安はない方やすぐに付き合いたくなってしまう方も、最低でも2～3日はやりとりしてから会うようにするのがベターです。

会うまでのテンポが遅いとアプリでの出会いは進展しにくくなります。気持ちが疲れて嫌になってしまう、という状況に陥ってしまっている方の5割が、会うまでに時間をかけすぎています。（残りの5割は、プロフィールや一度きりで見切りをつけすぎているなどです）登録後の最初の落とし穴と言ってもいいかもしれません。

アプリの場合、メッセージのやりとりがスタートしてから、初デートの日時が決まるまでの目安は1週間から10日程度がおすすめです。ここを意識することで雑談のしすぎ、考えすぎを防ぎ、お互い中だるみせず、2回目、3回目、お付き合い……とその先の進展をあなたが希望したときにも格段に望んだ関係性が作りやすくなります。会う前に相手を知りすぎても、まだ結局は文字だけのバーチャルな関係です。メッセージの数＝好意や信頼にはなりません。会う前から色々話しすぎることで、お互い期待や先入観が出来上がり、スタート地点でしかないメッセージのやりとりで、関係性や相手への気持ちが完結してしまいやすく、進展の妨げになります。会ってみたら雰囲気が違ったという時間的ロスも防げます。

デートの日時をあまり先の日程にしすぎないのもポイント。

例えば、1日にマッチングし、やりとり開始から5日間程度で実際に会う話をして7日に日時が決まったとします。しかしそのときに、実際に決まった日程がその月の30日。3週間以上空いてしまっていますね。そうなるとやはり気持ちの中だるみが起きたり、興味が薄れてきてしまいます。多くの方が複数人と並行してやりとりをしています。たくさんの人がいる中でまだアプリの中で繋がっているだけの文字と写真だけの相手に、3週間後も同じ熱量を持つのは難しいです。その段階で男性に本気度を求めるのは酷というもの。

どうしても難しい場合もあると思いますが「日程はいつにしましょうか？」というような話題になった際には、その日が週の前半なら、その週の後半、週の後半であれば翌週の半ばか週末……というように1週間から10日以内の日程、間が空いても2週間以内の日程を提示できるようにしておくのがベストです。

調整日から約束の日まで2週間以上空いてしまう場合で、かつ、毎日かなりメッセージのやりとりをしている場合は、それまでより半日ほど返信ペースをずらしたりしながら、会う日までにお互いのテンションが下がらないよう、また逆に会う前から話をしすぎて関係がそこで完結しないよう、少し回数を調整する、日程決定後に、やりとりが減った場合も気にしすぎず、そこで相手のログインの有無などで気持ちを測らずに、他の方とも繋がり、知り合っていく……そんな《まだ関係性はこれから》の気持ちが、スタート時からお互いが心地よいテンポを作ります。

## 2人の関係ができるタイミングは2回目デート以降

《マッチングアプリにおいて、2人の関係性ができるのは2回目のデート以降》です。関係性ができるとは「知り合った人」と認識するということです。実際には、やりとりが始まった時点で、知り合ってはいるのですが……悪い例を出すなら、元々の知り合いであるような場合は、何の前触れもなく返信が来なくなったり、当日待ち合わせに来なかったり、初対面から熱烈な告白やスキンシップを求めてきたり、……なんてことはほぼありませんよね。もしかしたらあなたもこれまで、そういうことをした経験があるかもしれませんが、でもこれが、友人の紹介や会社の同僚などの場合は、突如として一方的に関係を断ち切るような行動や、自分の気持ちを押し付けるようなことはよほどでない限りしないはずです。そんなふうに《他の知り合い方と同等の最低限の敬意や信頼関係が安定するのが、アプリの場合は2回目のデート以降》です。理由は、アプリそのものが、やはり実生活とは違うバーチャルなものだから。

初デートは軽い顔合わせみたいなもの。2回目からやっと、その他の出会い方の1回目に追いつくイメージです。

ここを覚えておくと、初期に稀に起こる《自信を無くす展開》にあまり一喜一憂せず、積み木を積み上げるように、段階を踏んで信頼関係を積み重ねていく必要があるんだなという感覚が腑に落ちてくると思います。

自分の価値に結びつけなくて大丈夫！普段の生活でも稀に電車で足を踏まれたりします

よね？　たくさん人がいたら、そういうこともあります。他と違って2回目以降からなのだなと過度に気にせずに、適度に短縮してテンポをよくすることを意識しながら、楽しんでみてくださいね。

## 結婚相談所の場合　結婚願望があると一口に言っても色々

結婚相談所は、身元がはっきりしている、家族構成や年収の目安まで事前情報としてきちんとわかるなどシステム化されているというのが、メリットですね。

でも実は「お金と手間をかけて結婚相談所に登録している男性なのだから、相手も結婚に対して積極的で、熱量もあるだろう」と無意識に考えてしまうこの部分が、結婚相談所での婚活の落とし穴でもあります。

他の方法に比べ、登録に手間もお金もかかるため、その分やる気のある人が集まると考えてしまいますが「（これだけの手間をかけて）登録したのだから、積極的な人も多いだろうし、結婚に近づくはず」と登録時点である種の達成感・満足感が生まれるため、女性も男性も受け身の姿勢になりやすく、お互いが、相手も熱量があるだろうと期待し合ってしまいがちです。その結果、定められた時間の中で気持ちを育てていかなくてはいけないにも関わらず、お互いに受け身になってしまうのです。その実、本人よりも親御さんが熱心ということもあります。

相談所であっても、それぞれの温度感や気持ちがあります。自分の軸を大切にしながら相手とパートナーシップを育てることが大切なのは変わりません。条件だけではなく、ひとりひとり違うお相手そのものを《知っていこうとする視点》を大切にしましょう。

## 短い期間で話題を《深める》のがコツ

結婚相談所は基本的に「◯ヶ月以内にお相手を見極め、交際に進んでください」「交際したら◯ヶ月以内に成婚の意思を相談所にお伝えください」などルールが連盟ごとに定められています。成婚の定義も連盟により異なりますが、ステップごとに期間が決まっているためその期間の中で効率よくコミュニケーションを取り、絆を育てることが重要です。

絆デートメソッドは相談所でも使えます。少し違うのは、相談所での初デートにあたる《お見合い》では初デートでの基本はそのまま押さえつつ、本来なら2回目で行う自己開示は、会話の中で自然にできそうであれば初回でも大丈夫という点です。相談所の場合結婚という目的は、共通認識のため軽やかに初回に行うことで、ちょうど良い真剣さが素直に相手に伝わり、好印象に繋がります。

他の出会い方よりも結婚後の生活面（子どもに対しての考えや働き方について、お金の管理の希望、住まいや転居に対しての考え方など）について、お相手によっては早い段階から、もしくはいきなり具体的な話題になることもあるため、36ページのライフスタイルワークなども改めて見直し、自分なりの言葉で希望を伝えられるようにしておきましょう。

相手に合わせたいと思うことと、自分の意見を言葉で表現しない（できない）のは全く違います。自分の希望は特になく相手に合わせられるという部分も、その理由を簡単に説明できるように言語化し読み上げ練習をしておきましょう。その話題を口に馴染ませておくことで、言葉だけが上滑りせず、相手にも伝わりやすくなります。

## 結婚相手だからと構えすぎないのも大切

お見合いから始まり、成婚までの過程の中でお相手を選んでいく際には、生涯を共にする相手だからと身構えすぎないことも大切です。もちろん適当に選べということでも最初から妥協しろということでもありません。

自分の大切にしたいことがわからなくなった状態では、行動してもしっくり来ず、物事も停滞してしまうため、日頃から自分の状態に目を向けてあげましょう。

一時的にわからなくなってしまった場合は「そもそも、どうしてだっけ?」と決め直したり、価値観ワークをやり直したりしながら、その想いに沿った方を選んでいくというのは大切です。

《お見合い》ばかりを長い間繰り返していると、その停滞感からご自身のテンションはどんどん下がっていき、それに比例して相手への期待値はどんどん上がっていき、次のステップへ進むハードルと怖さが強くなることで、相手の欠点ばかりが目について、さらに怖くなり慎重ｏｒ投げやりに……という悪循環。いい人も見つからない、状況も変わらない……マッチングアプリにおいてやりとりや初デートばかりを繰り返してしまうのと同じですね。

どんな出会い方でもお相手とたった１回の時間では見えてこない自分の気持ちや、お相手の一面はたくさんあります。それは相談所でも同じ。定められた期間があっても、結婚を前提とした出会いであっても関係は積み重ねるもので、その先に結婚があります。一生のことだから、傷付きたくないから、失敗したくないからと、心の部分で物陰に隠れていては、お相手のことも、自分のことも見えないまま。【結婚】という言葉に真剣になるあまり、お相手を遠くから見てしまっていませんか？

## 友人・知人の紹介の場合　目的と温度感は確認しておこう

友人・知人の紹介のメリットは、やっぱり共通の知り合いがいるという安心感。その場合、《2人きりで最初に会う日》を初デートとして実行してください。すでに何度か会っている場合は、次回の2人きりのデートから、初デートとして実行されてください。あまり間に人を挟まない方が、その先の交際へと進展はしやすいため、複数人でも会うような関係であっても、2人でのデートをしていくのがおすすめです。

紹介の場合のポイントは、お相手の目的（ニーズ）とその温度感を、紹介してくださる方と本人に必ず確認しておくこと！「相手も真剣に彼女探しているみたい」「結婚とか考えたらおすすめの人いるよ！」などの会話から紹介になると、大丈夫だろうという気持ちになりやすいのですが、本人がそう言っていたとしても、実際の温度感は様々で「会ってみたら聞いていたほど乗り気でなさそう？」となることも多いもの。早い段階で確認することで、相手にもその視点を持ってもらうことが可能です。

## 紹介してくださる方に確認する

相手に会う前に、先に紹介してくださる方にだけ、その相手が彼女を探しているのか、それとも結婚したいのか？を軽くでもいいので確認しておく。

この時点では、はっきりわからないことの方が多いので、例えばあなたが結婚したい！というニーズなのにも関わらず、相手が結婚とかは考えてないらしいよ～レベルで違わない限りは、特にピッタリ同じでなくても気にしなくてOK。一応事前に軽く確認しておくことで、何となくの心構えをするイメージです。

## 本人に確認する

「まずは友達増やすみたいな気持ちでさ。いい人だからお互いに合えば恋愛になればいいと思う」というようなライトな紹介の場合でも、本人には初回から絆デートのメソッド通り、恋愛の話を1つはしましょう。そのときに一緒に、もしくは初めてのデートでお店に入り、席についたら、紹介元の方の話題や、今回の紹介に繋がった共通のコミュニティなどの話題にもなると思いますので、そのときに、そもそもなぜ紹介してくれることになったのか？という経緯の部分と一緒に、自分のニーズを伝える形にすると自然です。

例）「今回さ、私が○○くんの連絡先知った流れは、私はそろそろ結婚とか考えられる彼氏欲しいなって話していたら、◆◆さん（紹介元の方）が、○○くんのこといい人で彼女も欲しいって言ってたし友達からでもいいんじゃない？ってことで紹介してくれたんだけど、○○くんはどんな話から私の連絡先知ることになったの？」というようなイメージです。

意外と、「そうだったの？こっちは、友達欲しい子いるからとしか聞いてなかったよ（笑）」ということもありますが、その場合は、「えー！そうだったの？なんかごめんなさい（笑）」と伝えた上で、「恋愛に関しては今どんな気持ちなの？」など相手を軽く知る気持ちで尋ねてみるのがおすすめです。恋愛関連の話題は、進展するしないに関係なく距離が縮まりますし、今後友人として付き合うにしても、人柄がわかります。

## 日常の中でのきっかけの場合
## いつでも明るく望む関係を言えるようにしておこう

出会いは日常の中にも隠れています。

主宰しているＨＣＡでは、ここで話してきた出会いの他にも、旅先で声をかけられて、出張へ向かう新幹線の中で荷物を上げてくれて、よく行くお店で仲良くなって、スポーツジムで、趣味のサークルで、たまに行くカフェで……などなど、ふとしたきっかけから仲良くなり交際、そして結婚へと進んでいかれる方もいらっしゃいます。自分自身の状態に目を向け「良い状態」を大切に過ごすようにすると、そういったチャンスにも恵まれる心のゆとりが生まれてくるので、日常からの出会いも増えてくるのです。

本当に！どこでどうなるかわかりません。そして、誰とどうなるかもわかりません。これまで多くの方をサポートしてきて感じるのは、「出会ったときにｏｒ最初にデートしたときに何となくピンときた」というケースもありますが、それよりも「最初は正直全然ピンとは来ていなかったけれど、まぁいい人だし……と会っていくうちに少しずつ」というケースの方が圧倒的に多いということ。私自身も夫と初めて知り合ったのは、友人と一緒に遊びに行ったとあるイベントでしたが、いい人だな～と思ったくらいでした。その後２人で食事に行った段階でも、特別な何かを感じたわけではありません。でも今は大袈裟ではなく毎日のように「この人と結婚して本当に良かったなぁ」と思いますし「あのときも、今こうなるためのことだったのかもしれないな」と感じます。友人に馴れ初めなどを話すと「運命だね」と言われることもあります。ですが、それはあくまで結果論として、今幸せな状態で振り返る形で話すから、そう感じるだけのことです。自分を振り返っても、受講生を見ていても、やはり、出会いはどこでどうなるかわからないものだと感じます。

日常の中での出会いは、その他の方法に比べると恋愛ニーズがマッチしている人にたまたまあたる可能性は低いため、日常だけに頼り、期待するよりも他の手段と並行しながら、楽しんでいた方が出会いのきっかけに気が付きやすいです。誰かと知り合う機会があった際は先入観を持たずに接する、そして《いつでも明るく望む関係を言えるようにしておく》この2つで、ただの出会いが《結果的運命》に変わるチャンスになりえます。

《いつでも明るく望む関係を言えるようにしておく》とは、会話の中でパッと「なんで彼氏欲しいの？」「どんな人がタイプなの？」「結婚願望ある？」など聞かれた際に、【自分の軸を軽やかに相手に提示できるようになっておく】ということです。「誠実な人がいいかな」など無難に答えがちですが、日常の中での出会いの場合、こういうふとした返しが、「他の子と違うな」と感じさせます。それに自分の想いを、こうして言葉にしてあげることでも、想いと行動を繋げていることになりますので自分との絆も深まり、自己肯定感も安定していきます。

いくつか例を出しておきますので、自分の想いに置き換えてみてください。

例

「自分の家族を持つのが夢だから、次は結婚も考えられるような人がいいなって思っているんだ」

例

「問題が起きたときとか、普段もそうなんだけど、話し合って解決できたり相談し合えることってすごく大切だなって最近改めて思っていて。今後はそういうお付き合いができたらいいなって思ってる」

例

「昔は話していて楽しい人がいい！って思ってたんだけど、今は付き合うなら結婚も考えたいから、ふざけた話も真面目な話もできる関係を作っていきたいんだ」

余裕があれば、「そっちは？」と聞いてもいいですね。

ちなみに私は夫との初デートで恋愛の話になったとき、「私最近恋愛に望むもの変わったなぁって自覚あって。今のテーマは安定と安心なんだよね。それまでは刺激と成長だったんだけど、なんか違うなって。だから毎日のんびり過ごせる色々な意味で安定した人がいいし自分もそうありたい」と話した記憶があります。

このとき注意すべきは、【長々と話さない】【否定の言葉を使わない】ことです。

前の恋愛での苦い思い出から、どういう経緯でそう思って、今はどういうことを大事にしたいと思っていて……と一から十まで話さないように注意しましょう。

例を参考に、自分では少し短いかな？というくらいがベストな長さです。

なんでも話せる関係がいい！私のことを理解してもらいたい！と「長く話しすぎている」というのは、本人からは見えにくいウィークポイントです。特に交際前に自分の想いを話すとき、毎回一から十まで話すということをしていると、「私を認めてほしい！私を理解して！」という必死さや欠乏を感じさせてしまい、無意識に相手を疲れさせてしまいます。理解してもらうこと、伝えることは大切ですが、長さにはメリハリをつけていきましょう。これは他の出会いのときも同様です。

2つ目は否定の言葉を使わないこと。例えば「こういう人は嫌、無理」「絶対ない」「こういうことをされるのはありえない」などです。

強調したくて使ってしまいがちですが、人の脳はネガティブな言葉を優先的にキャッチする性質があるのを覚えていますか？日常の中の出会いの場合は特に、あなたへの事前情報がないため、記憶に強く残りやすく、会話の内容よりも、会話の印象（後からの記憶）で決まってしまいます。否定する言葉を使わないでまとめましょう。

## 彼女はいるのか？結婚しているのか？は早めに聞こう

日常の中での出会いの場合、基本的にはパートナーが欲しい気持ちがあるから登録するアプリや相談所などとは違い、恋愛状況も様々な方がいます。行きつけのお店などの場合は、尋ねにくい……という気持ちもわかりますが、できればなるべく早い段階で、交際しているお相手の有無や既婚か未婚かは、確かめておきましょう。

あまり気持ちが深くないうちに確認してしまった方が傷が浅いという理由もありますが、その部分を避けて色々な雑談をしてしまった後だと、「どう思われるかな……」と気にしすぎてしまい不自然になってしまうからです。時間の経過と共に意識しすぎてしまうと、相手は気にしていなくても自分の中でとても気まずいことを聞いたような気になって、それきりその場所には行けない……なんてことになりかねません。それは悲しいですよね。例を挙げておきます。

例

「この前友人の結婚式に参列したんですけど、やっぱり結婚式っていいなってしみじみ思いました～○○さんは式とか挙げられましたか？」

「さっき来る途中に、すごく仲良しなカップルを見て、ほっこりしました。○○さんは彼女さんとどういうデートが多いです？」

あからさまと感じるかもしれませんが、好意は漏れる分にはプラスになることが多く、お相手の方が、「もしかして？」と思ったとしても、パートナーがいようが既婚であろうが、そう感じるような出来事は、多くの男性にとっては、嫌な気持ちになることではありません。もしも何か事情があり、相手にそういうことはちょっと……と言われたら「立ち入ったことを聞いてしまってすみません！ありがとうございます（*^^*）」と謝罪すれば問題ありません。お相手の大切なパートナーやご家族に迷惑をかけるようなことにならないよう、早めの状況把握が大切です。

## さりげなさよりピュアさ！

恋愛や婚活とは関係のない場所の場合、どうしても色々と考えすぎてしまい、こちらの気持ちを相手に悟られないように行動しようとしてしまいがちです。複数人が所属しているコミュニティや、学びの場などであれば目に余る目的外の行動は、他の方の迷惑になることもありますから、何しに来ているんだとひんしゅくを買わないよう注意も必要ですね。

そういう場合は早めに、本来の目的からズレない範囲で個人的に連絡が取り合えるようなきっかけを作る、本来の目的（学びなど）を全うしながら、プライベートな話ができる機会を窺うなど、いわゆるチャンスを待つという部分も必要になってきます。

ですが、それ以外のケースの場合は、好意そのものは相手に伝わっても損なことはひとつもありません。

男性との出会いにおける効果的な好意とは「あなたのことが知りたいです」「あなたに興

味があります」というような【相手に対する興味】のこと。そういった好意は、ピュアに表してしまった方が喜んでいただけることが多いです。

「実は初めてお見かけしたときから素敵だなと思っていて」「○○さんのことといいなって思っているので、ご迷惑でなければもっと仲良くなりたいです」こういった言葉は、出会って早々の場合、または、こちらが一方的に気になっているけど本人との個人的な関わりや会話はほとんどない場合においては、さりげなさを装い少しずつ距離を縮めていくよりも、軽やかに男性には伝わります。

ここでのポイントは「興味と好ましさ」は隠さずに「好き！付き合いたい！」というような進展を急ぐ前のめりな気持ちは見せないということです。

「相手に早い時期に気持ちがわかると、利用されてしまい遊ばれたりするんじゃないかと思ってしまう」と相談されることがあります。いわゆる「好きバレ」になると軽く見られてしまって良くないのでは？ということですね。

相手への好意＝【興味や好ましさ】を素直に出すことと、【好き！付き合いたい！】と一方的に表現することは似ているようで全く違います。

「あなたのことが知りたいです」「好ましいと思っています」というのは、第一段階の好意です。その結果、相手を知っていく中で、付き合いたくなるのか？それを決めるのは自分自身ですよね。後者のように「好き！付き合いたい！」としてしまうと、相手に選択権がありますよね。男性によっては、「その選択権を有効に（自分の都合で）使おう」と思う方もいるかもしれませんし、相手の気持ちもあります。

出すのは、興味と好ましさ！パートナーを決めるのはその後です。

相手との関係をどういうものにするかは、いつだってあなた次第。自分の恋愛の舵は自分の手から離さないようにしましょう。

# メッセージ・LINEのやりとり「ここだけ押さえよう」

婚活中の多くの方が、返信が来るか来ないかだけを気にされていて、返事が来なくなるまでのご自身が送っている内容には、そこまで気を配られていないと感じます。HCAでは、現在LINE・メッセージ添削を行っており、実際のやりとりを拝見させていただくこともあるのですが、返信が来なくなったり、次のお誘いがなかったりする原因がはっきりしていることもしばしば……。

LINEなどのメッセージツールは、「婚活を進展させるきっかけ」として考えたときには、進展を妨げてしまう個人の癖が最も出やすい部分だと感じます。

文字のやりとりは、最初の《会うまでのステップ》になります。言わば婚活を進展させる最初のツールです。そこでチャンスを逃すのはとても勿体無いこと。会ってみないとわからないことの方が圧倒的に多い以上、回数を増やす、色々会話をするなど、文字で仲を深めようとするよりも、その次のステップ、つまり【会う・会ってみたいなと思わせる】ということにフォーカスした送り方を意識することで進展が早まります。

最初に押さえておくべきポイントをまとめました。どれもすぐ取り入れられるものばかりです。少しのコツでグッとスムーズになりますのでぜひ取り入れてくださいね。

## LINEのここだけ！① やりとりの数＝親密度ではない

回数が多い方が親密な気がするとは思いますが、特に交際前の期間は、数の多さを親密度と考えないことです。男性は女性よりも視覚で恋愛感情が生まれやすく対面の印象を重視します。メッセージの返信が早い、回数が多いｏｒ少ないというのは、好意に関係なく本人の習慣の部分も大きいため、返信が早いから、積極的に質問してくれるから＝私のことを好きになってくれているのかも、と愛情表現として捉え先走ってしまわないこと。文字のやりとりだけの関係はまだスタート地点であり、全てはこれからです。

## LINEのここだけ！② LINEは会話を声でイメージしよう

メッセージでのコミュニケーションをスムーズにするコツは、【やりとり全体で心地よいリズムを作る視点】です。

例えば

図A

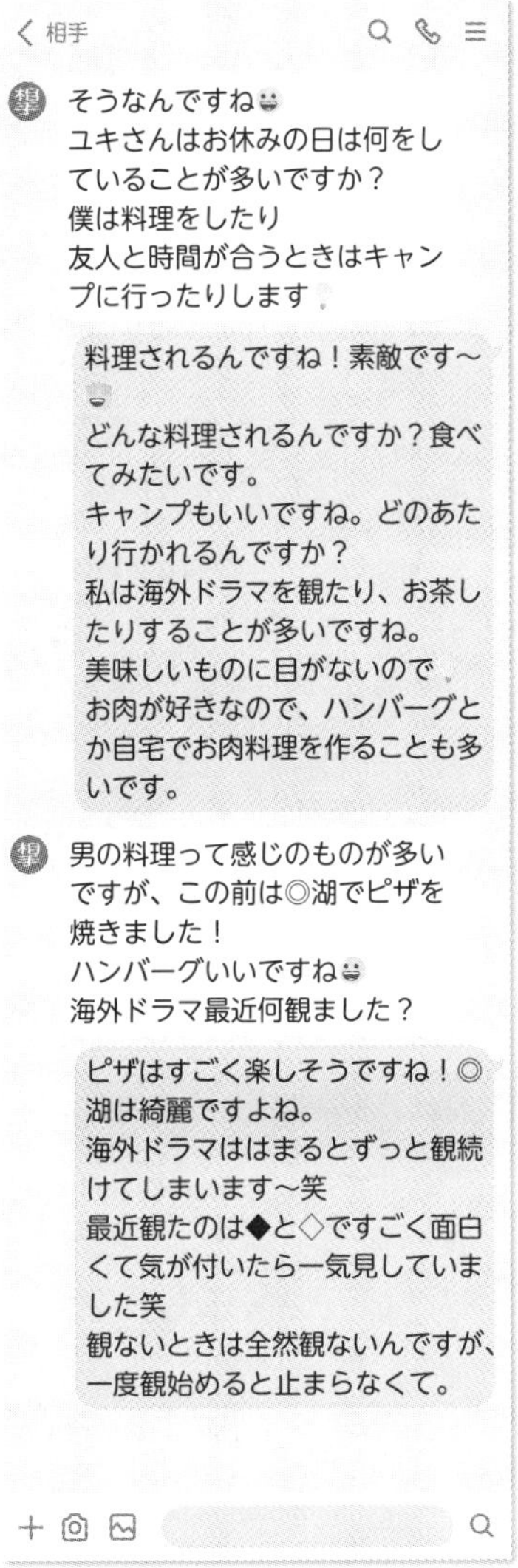
相手
そうなんですね
ユキさんはお休みの日は何をしていることが多いですか？
僕は料理をしたり
友人と時間が合うときはキャンプに行ったりします
料理されるんですね！素敵です〜
どんな料理されるんですか？食べてみたいです。
キャンプもいいですね。どのあたり行かれるんですか？
私は海外ドラマを観たり、お茶したりすることが多いですね。
美味しいものに目がないので
お肉が好きなので、ハンバーグとか自宅でお肉料理を作ることも多いです。
男の料理って感じのものが多いですが、この前は◎湖でピザを焼きました！
ハンバーグいいですね
海外ドラマ最近何観ました？
ピザはすごく楽しそうですね！◎湖は綺麗ですよね。
海外ドラマははまるとずっと観続けてしまいます〜笑
最近観たのは◆と◇ですごく面白くて気が付いたら一気見していました笑
観ないときは全然観ないんですが、一度観始めると止まらなくて。

一見よくあるやりとりですが、これが対面での会話だと考えるとどうでしょうか？
少し一方的な感じがしませんか？またこちらだとどうでしょうか。

図B

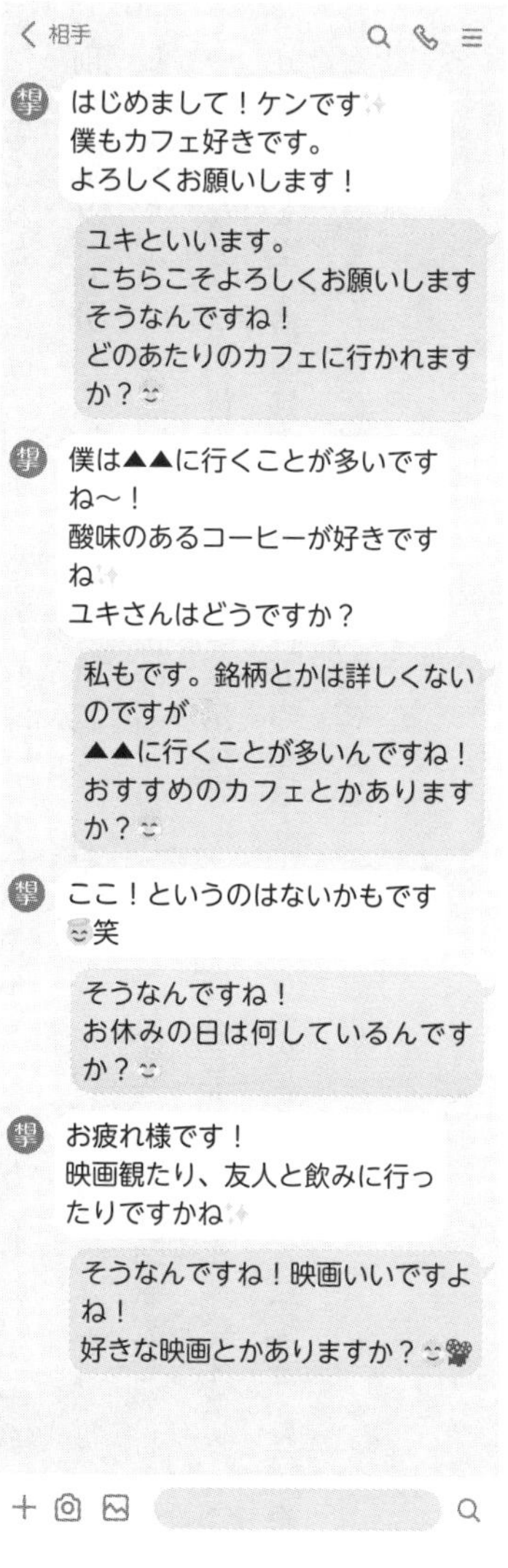


返信が少し単調な印象を受けませんか？

「話しかけられていて、それに対して答える」何気なくやっていることですが、実際の会話だと他の部分（声の調子・ボディランゲージ・外見の好みなど）で補完されるので目立たないところも、文字だけとなるとリズムが悪くなってしまい「何となく感覚的に噛み合わない」と感じやすくなってしまいます。

防止するためのポイントは
●頭の中で会話を《声》でイメージする
●返信を考えるときは、相手から直前に来たメッセージだけではなく、少し前から遡って目を通し、全体のバランスで考える
の2つです。

昨日観たドラマや映画のシーンを思い返すように、その人から話しかけられ、返事している形でイメージすることで、実際の会話のようなリズムが生まれやすくなります。また、返信を考えるときには、相手から来た直前のものしか読んでいない方が多いのですが、少し前から遡り、自分たちのやりとり全体にサッと目を通してから返信することによって「質問してばかりだな」「質問に答えるだけで聞き返していないな」「相手の話を流してしまっていたな」などに気が付くこともでき、全体のリズムを作ることができます。1スクロール分（メッセージ数の目安としては自分の返信も入れて6つ程度）を目安に《遡って、全体をサッと見てから返信》の習慣を大切にしましょう。

## LINEのここだけ！③ 雰囲気を揃えよう

相手からのメッセージに雰囲気を合わせると、やりとり全体のリズムが良くなります。

絵文字、改行、句読点、長さなどの雰囲気を合わせることにより、心地よさを相手に感じてもらうことが可能です。

このような形より

図C

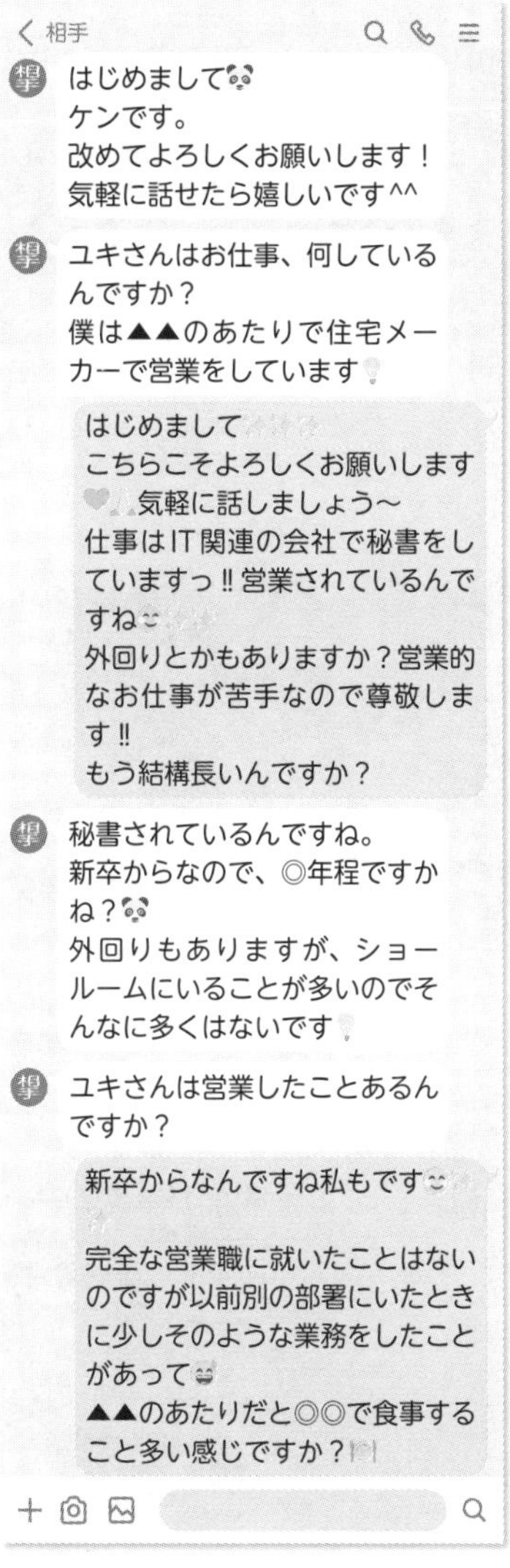
相手
はじめまして
ケンです。
改めてよろしくお願いします！
気軽に話せたら嬉しいです^^
ユキさんはお仕事、何しているんですか？
僕は▲▲のあたりで住宅メーカーで営業をしています
はじめまして
こちらこそよろしくお願いします
気軽に話しましょう～
仕事はIT関連の会社で秘書をしていますっ‼営業されているんですね
外回りとかもありますか？営業的なお仕事が苦手なので尊敬します‼
もう結構長いんですか？
秘書されているんですね。
新卒からなので、◎年程ですかね？
外回りもありますが、ショールームにいることが多いのでそんなに多くはないです
ユキさんは営業したことあるんですか？
新卒からなんですね私もです
完全な営業職に就いたことはないのですが以前別の部署にいたときに少しそのような業務をしたことがあって
▲▲のあたりだと◎◎で食事すること多い感じですか？

このように揃えていきましょう。

図D

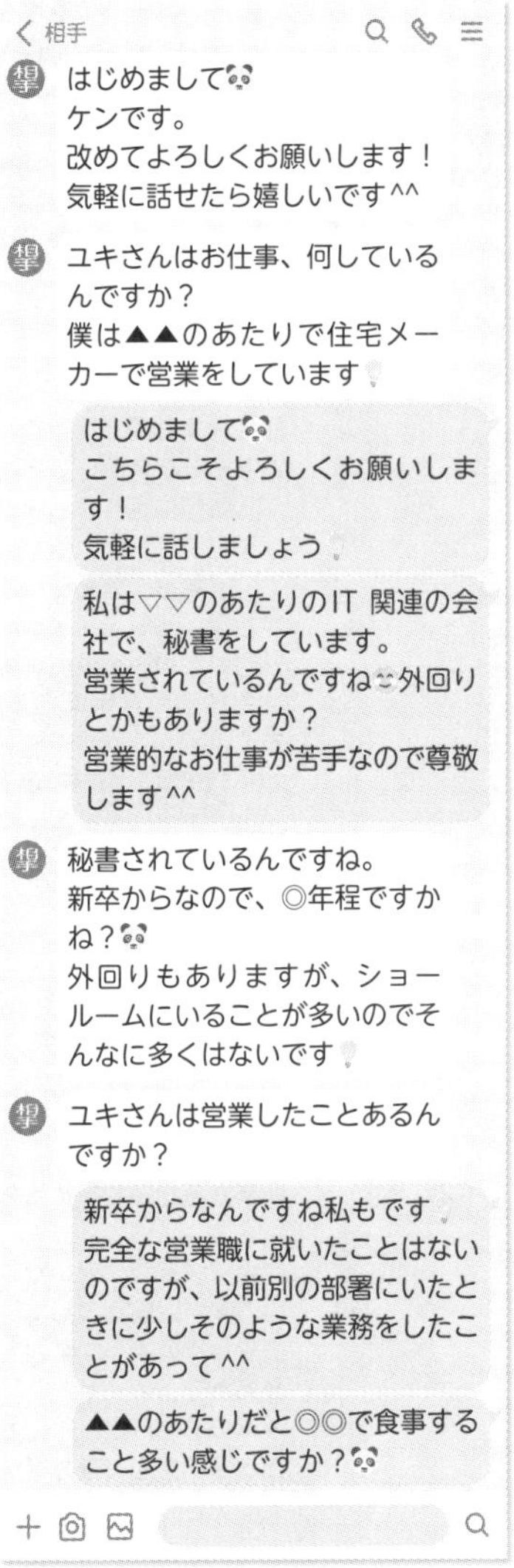
相手
はじめまして
ケンです。
改めてよろしくお願いします！
気軽に話せたら嬉しいです^^
ユキさんはお仕事、何しているんですか？
僕は▲▲のあたりで住宅メーカーで営業をしています
はじめまして
こちらこそよろしくお願いします！
気軽に話しましょう
私は▽▽のあたりのIT 関連の会社で、秘書をしています。
営業されているんですね外回りとかもありますか？
営業的なお仕事が苦手なので尊敬します^^
秘書されているんですね。
新卒からなので、◎年程ですかね？
外回りもありますが、ショールームにいることが多いのでそんなに多くはないです
ユキさんは営業したことあるんですか？
新卒からなんですね私もです
完全な営業職に就いたことはないのですが、以前別の部署にいたときに少しそのような業務をしたことがあって^^
▲▲のあたりだと◎◎で食事すること多い感じですか？

相手が短文や、質問がない場合など、全て合わせていたら会話が広がらないこともあると思いますので、「毎回の返信全てを合わせましょう」ということではなく、あまりに雰囲気の違いが出ないように気をつけましょう、ということです。

また、このように相手と合わせていくことで親近感を持ってもらう手法はミラーリング効果と呼ばれ有名ですが、少しだけ注意点があります。それは「言葉のオウム返しはしない」「無理な共感はしない」ということ。

会話全体のリズムが悪くなり、有名な手法な分《やっている感》が悪目立ちしてしまいます。

無理な共感は《その場だけ好かれる》ための行動です。長期的なパートナーシップ構築のためには、無理に相手に合わせることで好かれようとするのではなく、違いを受容していく意識が大切。

無理に意見を合わせる、言葉を合わせるのではなく、雰囲気を合わせるようにしましょう。

図E

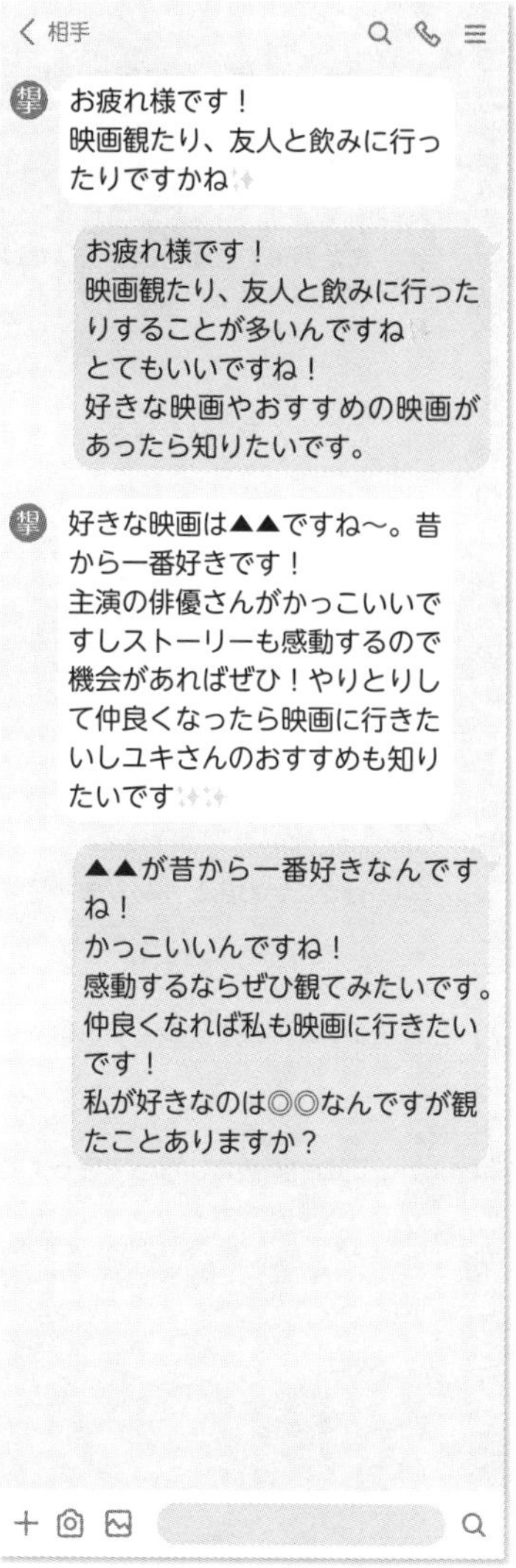
相手
お疲れ様です！
映画観たり、友人と飲みに行ったりですかね
お疲れ様です！
映画観たり、友人と飲みに行ったりすることが多いんですね
とてもいいですね！
好きな映画やおすすめの映画があったら知りたいです。
好きな映画は▲▲ですね〜。昔から一番好きです！
主演の俳優さんがかっこいいですしストーリーも感動するので機会があればぜひ！やりとりして仲良くなったら映画に行きたいしユキさんのおすすめも知りたいです
▲▲が昔から一番好きなんですね！
かっこいいんですね！
感動するならぜひ観てみたいです。
仲良くなれば私も映画に行きたいです！
私が好きなのは◎◎なんですが観たことありますか？

## LINEのここだけ！④ 相手からのお誘いサインを見逃さないようにしよう

最後は進展に直接関わる重要ポイントを。

それは、お誘いを見逃さないということ。女性がイメージするお誘いは「そろそろお会いしてみたいのですが、ご都合いかがですか？」「ぜひ行きましょう！いつが空いていますか？」というような、《どう考えても受け取り間違えない明らかな誘い》です。でも、それ以外のわかりにくいお誘いもあるのです。

図F

日程合えば一緒に行きましょう！

また週末でご都合良い日はぜひご一緒させてください😊

〇〇さんと一緒なら楽しそうです～！

もっと話してみたいです。

日程合えばいいですよね。

行きたいお店とかあります？

このお店良さそうですよね！

この映画観たいなって思ってるんですが……

このあたり、はっきり誘われてないからと判断して「いいですね」「楽しそうですね」

「機会があればぜひ」などで流していませんか？　これらもお誘いです。
もちろんもっとわかりやすく誘ってもらった方が嬉しいかもしれませんが……男性の方がプライドが邪魔して怖がっているくらいに考えておきましょう。
私たちはパートナーシップにおいては対等です。関係がスタートする前から、自分への情熱があるかないか？　で相手を判断するのは時期尚早というもの。プライド的に気になってしまう方も、時間のロスの方がリスクなはずです。

**図G**

日程合えば一緒に行きましょう！

行きたいです(*^^*)◎◎さんはいつ頃が空いていますか？
私は▲日と▲日以外なら合わせられそうです。

また週末でご都合良い日はぜひご一緒させてください

ぜひ　週末なら今週なら嬉しいです。

○○さんと一緒なら楽しそうです〜！

嬉しいです　日程などお誘いお待ちしています

もっと話してみたいです。

私もです　カフェなどで話せたら嬉しいです

日程合えばいいですよね。

そうですね〜。何曜日が合わせやすいとかありますか？

行きたいお店とかあります？

○○に行ってみたいです
平日夜なら予約取りやすいみたいなんですがお仕事終わってからだと遅いですかね

このお店良さそうですよね！

ですよね。美味しそう。○○食べたいです♡

この映画観たいなって思ってるんですが……

私も観たいです。○○のあたりだと2人とも出やすそうですよね(*^^*)

このように、お誘いサインを見逃さず、もう一歩広げるようにすると、あっさり決まることも多いですよ。

交際中の方も、遠距離など一部の状況を除き、文字での会話には重きを置かない方がお相手との絆は深まっていきます。結婚などその先の進展を望むなら、【言いにくいことは、会っているときには言わず、（言えず）文字で後から伝える】というコミュニケーションのパターンになっていないか？ということです。将来についての話題やデート中に言い出せなかった「実はあのとき、こう思っていてこうしてほしかった」などの不満や不安がそれにあたります。やっぱり本音を言いたいし、文字の方が落ち着いて言えるから……とよかれと思ってのことだと思いますが、《対面で感情的にならずに話し合いができる関係》を目指さないことには結婚へと向かってはいけません。交際中の彼と、お互いそんなつもりはなくても、結果として思っていることは後から文字で伝え合うコミュニケーションに現状なってしまっていると感じるなら、次回会った際（すごく時間が空くようであれば、他の用事の電話のタイミングで）「私さ、今まで何となく言いにくいことはＬＩＮＥで伝えてしまっていたけど、色々なことを２人で一緒に話し合ったりできる関係に少しずつなっていきたいなって思うから、これからは、思ったことは後からLINEではなくてできるだけ直接話すようにしていくね。○○くんも、何か思うことがあったら遠慮せず直接話してね」と伝えておきましょう。

## 最初の挨拶はどちらから？

繋がって最初の「はじめまして！○○です。これからよろしくお願いします」というような挨拶メッセージは、相手から来るまで待つべきなのか？こちらから送るべきなのか？は何気に迷うポイントですよね。私の答えとしては【迷うくらいならパッと送りましょう】になります。

相手から連絡が来なくて少しがっかりする気持ちもわかりますが、これから愛され続ける関係を作れるパートナーを見つけるべくチャンスを探しているなら、大切なのは駆け引きで気を引くこと、相手より優位に立つことではなく《人としての礼儀》です。例えばマッチングして数日間放置してしまっていたら、「すみません遅くなりました！」の一言を添えて挨拶する。つい駆け引きをしてしまっているあなたも、これが恋愛以外の場なら悩まずそうするはずです。男性は本気なら、興味があればこうするものという【男性の愛は行動】だけに捉われず、まずは、人として繋がることを大事にしましょう。どうしても男性からの連絡を待ちたいなら24時間までにして、その後は送ってしまうのがおすすめです。

## 相手のテンションが低く、短文

返事は来る、質問も来る、デートもできるなど、こちらとコミュニケーションを取る姿勢が見えるけれど、短文である場合は本人のスタイルの問題なので、あなた自身が、不快や不安にならないのであれば、あまり気にする必要はないと思います。

ここでも、「自分に興味や行為があれば、○○してくれるはず」というような【男性の愛は行動理論】だけに捉われず、人それぞれのスタイルがあることを忘れないようにするといいと思います。テンションが低めの方の場合は、全く同じ温度感にしてしまうと、好意が伝わりにくいので、相手より少しだけ明るい雰囲気にするのが◎

ただ、メッセージツールのスタイルは好意とは関係ないことが多いため、あなた自身が不安になる場合は、パートナーとしては不向きかもしれません。

他のことにも共通しますが、交際前は《お互いを知る期間》のため「もう少し連絡してほしい」など相手に何か要望するのではなく相手を知るチャンスと捉え、会ったときに「〇〇くんLINE結構短い感じだけど苦手なの？」とシンプルに尋ねてみて、相手の考えを聞いてみましょう。

相手が何か言ってくれたら、「そっかぁ。そういう人もいるよね」と伝え、受容した上で、あなたが心配に思っていること、例えば、迷惑か心配なのであれば「私〇〇くんに比べたら結構LINE長めだけど、それは迷惑ではない？」と確認する、不安だった場合は、「嫌われているのかな？ってちょっと心配だったから安心した。笑」と伝えるなどがおすすめです。どんなこともお互いの違いを知るチャンスと考えてみましょう。

## 話題がなくなったら

途切れさせないようにしようとまるで面接官と受験者のように次々と質問を投げかけて一問一答をしていると、話題があちこちに広がるだけで、膨らむタイミングがなく、会話も単調になります。そうなるとお互いのテンションはゆるやかに下降していきます。

自分が質問ばかり投げかけてしまう場合も、相手が質問ばかりの場合も対処法としては同じです聞き返す、質問を入れるのもいいですが、あえて質問を入れずに《受け止めるだけ》の返信も間に入れていくことで会話にリズムが生まれます。

彼「お仕事は何しているんですか？」
あなた「私は△△の会社で働いています！〇〇さんはどうですか？」（聞き返し）
彼「僕は◇◇の会社で働いています！お休みの日は何していますか？」
あなた「◇◇って理系の方が多いイメージあります（*^^*）休みの日は△△が多いですかね？〇〇さんはどうですか？」（自分の思い＋聞き返し）
彼「僕は文系ですね。映画を観ることが多いですかね〜」
あなた「映画最近観てないので観に行きたいなって思っていました。おうちで観るのも映画館で観るのもいいですよね〜」（受け止めるだけ）

会話を繋げるために、質問をするということだけにこだわらず、全体を捉え、バリエーションをつけると会話はぐんと心地よくなります。

## 即レス男性に疲れたら

なぜかいつでも返信がすぐ来るタイプの男性、いますよね。すぐに反応が帰ってくると嬉しい反面、少し怖く感じたり、プレッシャーを感じてしまいますよね。

でも「すぐ返信の人」はあなたにいい印象を持ってもらうべく、よかれと思っての即レス、つまり気合いが空回りしている男性の可能性も。

結論としては、テンポ良く時間を空けずに返した方がいいタイミングだけ気をつければ、後は相手のペースに合わせなければということはありません。相手がそうだからと、最初から気を遣ってこちらもそうしてしまうと、それが2人の基準になってしまうため、お付き合いした後に負担になります。交際や結婚は日常です。普段の生活の中での無理なペースは続きません。

それよりも、早いうちからポイントだけ押さえたらあとは自分のペースで返すようにした方が、お互いのペースの違いをお互いが受け入れやすく、無理のない基準ができます。次ページで触れていますが、膨らませた方がいい部分＝テンポ良く返した方がいいタイミングとなります。併せて参考にしながらあなたのペースも大切にしてくださいね。

## 複数の話題＋質問が多い

「お仕事お疲れ様です！僕も今家に着きました。今日のお昼はパスタでした。〇さんは今日もお弁当ですか？普段は恵比寿あたりで飲むことが多いです。昨日は近所の居酒屋でしたが。居酒屋とか行かれますか？　え～！ホラー大丈夫なんですね！意外です！お化け屋敷とか入れる人ですか？遊園地最近行っていないですが僕は無理です。お化け屋敷の中でスマホ落としたっていうトラウマが笑　ホラー映画は大丈夫なんでおすすめあれば教えてほしいです！」

これをそのまま揃えよう！そして受け止めてよう！と返すと

「〇〇さんもお仕事お疲れ様です！私は今日もお弁当でした！昨日の残りですが。昨日はご近所だったんですね。居酒屋も行きますよ！居酒屋だとメニュー色々あって楽しいですよね。お化け屋敷は大丈夫です！えー！スマホ落としたのは大変でしたね。遊園地私も最近行ってないので、彼氏ができたら行きたいです。ホラー映画はあまり観ないんですが、かなり前に観て面白かったのは▲▲ですかね」

と、一回がものすごく長くなりますよね……。最初だけならいいですが、ずっとこのような感じで続けてしまうと疲れてしまうこともあると思いますし、交際前の場合、即レス男性のときと同じく、色々話しすぎて、話題が早々になくなってしまい、事前情報が多すぎて相手の興味が失せてしまい、お互いのテンションも下がりやすくなってしまいます。

こういうときは《膨らませた方がいい部分に焦点を当てて返信する》ことを試してみましょう。

膨らませた方がいい部分とは

●次回デートに繋がる話題
●相手が好きなこと、自信を持っている事柄についての話題
●相手のパーソナルな話題（恋愛・家族・仕事・コンプレックス）
●お互いの共通点に関する話題

です。

# 落ち込んだとき、上手く進まないと感じたときにできること

恋愛は1人ではできないため、落ち込んだり、自信がなくなったりしてしまうときもあるもの。

ここでは、上手く進まないと落ち込んだときに、できることや、見つめてほしいことをお伝えします。このあたりも一緒に読み返しながら、ひとやすみしましょうね。

起きる出来事は全てベスト！「最善最良」の法則（87ページ）
不安なときこそ、「増やす」より「減らす」余白を大切にしよう（70ページ）
理想を叶える7つのノート（117ページ）
行動と思考は7対3がベストバランス（115ページ）
良くない状態の自分を助けてくれる、やることリスト（105ページ）

## 後回しチェック

やりたいと思っていること、やらなくてはいけないこと、いつかやろうと思っていること。日々の忙しさに忙殺され、ついつい後回しにしていませんか？

これらの【タスク】はどんなに小さなことであったとしても、無意識にあなたの心に少しずつ溜まっていき、あなたの状態を悪くしてしまいます。状態が悪くなってしまい、マインドが乱れると、自分とのコミュニケーションが上手く取れず物事は上手く進まなくなります。

無意識に後回しにしちゃっているタスクたちも、元々はあなたの大切な心の声。一度頭の中からぜーんぶ外に出して、整理整頓しちゃいましょう！

用意するものは貼って剥がせるふせんとペン、そしてお部屋の壁です。

そこに1つずつ思いつくままにやりたいと思っていること、やらなくてはいけないこと、いつかやろうと思っていることを書き出し、壁に貼っていきます。実際の私のふせんを例にしますね。

## ❷よけたふせん以外を、恋愛、仕事、買い物などのジャンル別に分ける

《恋愛》
- 彼にロールキャベツ振る舞う
- 図書館で心理学の本探す

《仕事》
- 資格の勉強ノートまとめ直し
- 仕事のスケジュール見直し

《買い物》
- 友人の出産祝い調べて買う
- ラップ買う
- 旅行用のスニーカー探し

《その他》
- 読みかけの本読む
- 雑誌で見たカフェでコーヒー飲む
- 目覚ましをかけずに寝る
- クリーニング出す

## ❸各ジャンルのグループをやりたい順で並べ替える

《恋愛》
- 図書館で心理学の本探す
- 彼にロールキャベツ振る舞う

《仕事》
- 仕事のスケジュール見直し
- 資格の勉強ノートまとめ直し

《買い物》
- ラップ買う
- 友人の出産祝い調べて買う
- 旅行用のスニーカー探し

《その他》
- 読みかけの本読む
- 雑誌で見たカフェでコーヒー飲む
- 目覚ましをかけずに寝る
- クリーニング出す

**❶思いつくままに書き出し、「やりたい」「やらなくてはいけない」に分け、「やらなくてはいけない」を見直して必要に応じてよける**

《やりたい》

- 読みかけの本読む
- 彼にロールキャベツ振る舞う
- 雑誌で見たカフェでコーヒー飲む
- 図書館で心理学の本探す
- 目覚ましをかけずに寝る

《やらなくてはいけない》

- 資格の勉強ノートまとめ直し
- 冷凍庫の中身整理 → よける
- 仕事のスケジュール見直し
- クリーニング出す
- 友人の出産祝い調べて買う
- 旅行用のスニーカー探し
- ラップ買う

一通り書いたら、それらを《やりたい》《やらなくてはいけない》の2つに分けます。そうしたら次に、《やらなくてはいけない》のふせんを見つめながら「これは本当にやらなくてはいけないこと?やるべき、と思い込んでいるだけではない?」と自分に尋ねます。

ここで、もし「いやこれは、気は進まないし、やりたいかやりたくないかで言ったらやりたくはないけれど、自分のために頑張りたい(行動したい)ことだ」と思えないことだったり、「あれ?これ別にやらなくてもいいかも?」と思ったりしたふせんは、一旦よけます。

そうしたら次に、先ほどよけたふせん以外を、恋愛、仕事、買い物などのジャンル別に分けます。ジャンル別に分け終わったら、各ジャンルのグループを《やりたい順番》で並べ替えます。よけておいたふせんは最後に並べましょう。並べ終わったらあとは実際にやっていくだけ。1つ終わったら、壁から剥がし、丸めてゴミ箱に捨てます。タスクを全部書き出すこと自体は珍しくありませんが、壁に貼り付ける→手を動かし、分類する→並べ替える→実行する→捨てるというように、頭の中を3次元的に認識・整理すると、ただ紙に書くよりも、よりすっきりとした体感が得られます。

## セブンカウント呼吸とセルフハグ

セブンカウント呼吸とは、《7秒間、心の中でor声に出して数をカウントしながら》深呼吸すること。セルフハグは、両腕で自分をぎゅっと抱きしめてあげるケア方法です。

カウントしながらの呼吸は、怒りだけでなく、不安や悲しみなど、感情そのものを落ち着かせる効果があります。ハグには幸せホルモンと呼ばれるβエンドルフィンやオキシトシンの分泌が促進される効果があるのはよく知られていますが、自分自身をハグすることでも同じ効果があることはご存知でしたか?どちらも、気持ちをゆるめる、落ち着かせるのにはとても有効な手段です。いつでもどこでもできるのもいいところ。

「なんだか上手くいかない……」「元気が出ない……」そんなときは、すぐにケアです。目を閉じて、ゆっくりカウントし呼吸をしたり、気の済むまでハグをしてあげましょう。どちらか片方を行うのもいいですし、一緒に行うのもおすすめです。

ハグによる幸せホルモンの分泌は7秒以上からと言われていますので、ハグのみで行う場合も、必ず7秒以上抱きしめてあげてくださいね。

どんなことがあっても、あなたの価値は変わりません。

# 好きな人がなかなかできないときの処方箋

「自分なりに行動しているのに、好きな人がなかなかできない……」そんなときはどう考えればいいのでしょうか?

## おすすめトレーニングワーク

人は共通点が多いほど好意が生まれ、共通の体験があると親近感を生み出すため、恋が生まれやすいと言われています。そこから考えると、大人になると学生時代のように、同じコミュニティ内で年齢などの共通点もあり、同じ場所に通い、顔を合わせ、共通体験(勉強・遊び・行事など)を楽しむ……という恋が生まれやすい状況になることが稀なため、好きな人がなかなかできないというのは、ある意味当然とも考えられます。

あとは《怖さ》です。真剣であればあるほど怖さは膨らみ、その分、あなたの脳はリスク回避のため相手からのネガティブな情報(自分への態度・言葉など)に敏感になっていきます。その結果、よほどのことがないと心が動かず、好きな人ができないｏｒ傷付くのが怖くて受け身になりすぎてしまう……というケースも多く見られます。

私があなたにお伝えしたいのは、《好きには種類がある》という視点を持ってみてほしいということです。

これまでのあなたにとっての《好き》の始まり方やその気持ちは、どのようなものだったでしょうか？過去を少しだけ振り返って、これまでの恋の始まりにぜひ思いを馳せてみてください。

初回から話が盛り上がったり、外見がタイプだったりして気持ちがグッと動くような好きが多かったですか？

それともまずは仲良くなって、人柄を知ってからゆっくりと進むような好き？

会っていないときも相手のことが気になって、一喜一憂するのが好き？

それぞれ自分にとって、好きというのはこういうことだ（こういう流れでいつも話私は人を好きになる）というのがあると思います。言い換えればそれは、ある意味始まり方に制限をかけてしまっているのと同じこと。

これまでの好きの始まりや、好きという感情の定義を、一定期間思い切って外してみてほしいのです。

絆デートメソッドもトレーニングのつもりで3名程と行い、愛されマインドの基本原則を大切にしながら、メソッドを実践していくと、気持ちがいつもと違うタイミングで動き、いつもと違う感情の《好き》が始まるということは珍しくありません。

私は、恋愛と結婚は別とは思いません。相手に対してのときめきやキュンとする気持ち……そういう感情を無視して形だけにこだわり結婚するくらいなら、しない方がマシだと思っています。これは、「これまでの好きとは違う人を無理に好きになろうと努力しましょう」ということではありません。外見も大切な要素です。結婚相手だからって、相手に対しての恋心は大切です。好きでもない条件だけの人とやっていけるほど結婚生活は甘くありません。

ですから、これでまでワークでイメージしてきた、あなたが大切にしたい自分軸条件リストは大切にしたままでいてください。無理に好きになろうとしなくて大丈夫です。

ただ、これまでの《好き》と同じ形でやってくるとは限らないということです。

ここで恋する気持ちを呼び覚ますトレーニングワークをご紹介しておきます。

## もしパートナーだったらワーク

人が複数名いる場所にて、失礼にならない程度に心の中で、その人の服装や持ち物、全体の雰囲気などから、どんな人かな？とイメージを膨らませ、「もし自分が、この人のパートナーだったら、どんなところを好きになるかな？」「どんなことでケンカして、どうやって仲直りするかなぁ」など妄想するワークです。

電車なら前の座席に座っている人を順番にイメージしていく、カフェなら窓際に座り、道ゆく人へ順番に、店内にいる人へも順番に行っていけると思います。外見だけでは性格などはわからないので、こんな人っぽいな、という自由なイメージで構いません。結婚指輪をしている人であれば、「同じ家に帰ったら？」「こんなプロポーズだったかも？」ということまで考えてみるのも◎

例）電車で向かいの座席に座っている30代仕事帰り風の方
シャツがちょっとくたびれているから、アイロン苦手なのかなぁ。

不器用だけど、私のために料理してくれて恥ずかしそうに出してくれたりしちゃう？　紺色が似合うな〜休みの日は買い物デートしたい私と、疲れてお昼まで寝ちゃう彼とでケンカしたりするのかな〜。パートナーだったら癖毛なのを気にしてるところを可愛いと思いそう。

好みじゃない人でもすでに大切なパートナーとしての目線で見ることによって、好きになれそうか？なれなさそうか？という判断軸から少し離れて、相手にフラットな興味を持つ視点が育ちます。ゲーム感覚でふとしたときにやってみてください。

もしかしたら、次の特別な恋は、これまでとは違う気持ちから、違うタイミングから始まっていくかもしれません。見落としがちな恋の欠片を、大切にしてくださいね。

## ゲーム感覚でコンフォートゾーンを超えよう

コンフォートゾーンとは、心理学において《ストレスや不安がなく居心地のいい環境・精神状態の領域》のことです。

経験があること、行ったことがある場所、いつもと同じ選択と行動、会ったことのある人、いつもと同じ環境や状況は、たとえそれがあなたにとって望んでいない内容であったとしても、あなたにとってのコンフォートゾーンにあたります。自分の枠と言い換えることもできますね。コンフォートゾーンは、あなたにとってストレスのない安心できる場所・環境ですが、変化はコンフォートゾーンを超えるからこそ起こります。

毎回同じようなパターンになってしまうのは、そこまでのどこかでこれまでと同じ選択をし、行動をしているからに他なりません。つまり、コンフォートゾーンを超えられていない状態です。

108ページで、揺れ戻しについてお伝えしましたが、揺れ戻しはあなたにとってのコンフォートゾーンを越えようしたときに起こります。

コンフォートゾーンを超えたその先の領域のことを《ラーニングゾーン》と言います。いつもとは違う新しい選択、行動をすると、そこはあなたにとってのラーニングゾーンとなります。ラーニングゾーンは、コンフォートゾーンと違い《これまでの自分の経験が通用しない居心地の悪い領域》です。

少し厳しいかもしれませんがこれまでと同じ選択をしていては同じ結果です。

恋愛だと、「相手を変えれば……」と相手に変化のきっかけを委ねてしまいますが、相手が変わっても、あなた自身が自らの意思で変わりたいという思いの元、コンフォートゾーンを超えて、自分自身を整えていく意思がなければ、同じことになってしまいます。パートナーシップは2人で作るものであり、1人で作れるものではないからです。

恋愛に怖さがあったり、これまで本来の自分を隠してきた方ほどラーニングゾーン内の不安や怖さなどの居心地の悪さを強く感じてしまいます。

新しい選択・行動・環境と不安はセットです。できるだけ軽やかに超えていくためにここでもゲーム要素を取り入れていきましょう。

- 期間を決めて、自分の中でキャンペーンにしてしまう
- 1つ新しい行動をしたら、自分にご褒美をあげる
- 怖さを感じる新しい行動をリストとして書き出し、チャレンジ完了したらシールを貼る

キャンペーンにするとは、2回目誘われたら断らないぞキャンペーン、自己開示セリフを言えるようになるぞキャンペーンなど、枠を超えることそのものをイベントにしてしまうということです。イベントにすることで、気楽さも生まれます。

ご褒美を用意する場合は、事前にたくさん用意しておき、1つ勇気を出したら1つあげる。例えばシールを貼るなど、見える化することにより、心理的にも達成感を得られやすくなります。

あなたの理想を、心地よさを叶えてあげられるのは、あなただけです。今まで知らなかった幸せのステージへ、手を引いて連れて行ってあげましょう。

## この人でいいの？ チェックするのは、相手の条件じゃなくて自分の状態

何回かデートを重ねお付き合いするかどうかのタイミングになったとき、「この人でいいの？」と悩んでしまうとき、ありますよね。

また、「大好きなのに、上手くいかない……」と気持ちが強くなりすぎたときもあると思います。そんなときには相手と一緒にいるときと、いないときの自分の状態を見つめてく

ださい。

特にポイントになるのは、《彼と一緒にいないときの自分の状態》です。一緒にいるときに心地よいことは当然ですが、彼と一緒にいない時間のあなたはどうでしょうか？

●彼が何をしているかが気になって、他のことが手につかない

●いつも連絡が来る時間に返信がこないなどがあると、その途端「他の女性と会っているのでは？」と悪い妄想が一気に膨らみ、「やっぱり私のこと本気じゃないんだ！」など決めつけてしまいそうになる

●この人しかいない！この人に好かれるために何かしないと！嫌われないようにはどうすればいいんだろう？といつも相手に何かしなくてはいけない気がしてしまう

このように交際前の時点で心地よい自分ではいられない相手は、一度立ち止まって考えてみていただきたいです。

不安は感情を盛り上げる要素にもなりえるため、一緒にいないときに気持ちを乱される＝本気で好き！と思いやすいですが交際前の段階からあなたがあなたらしく過ごせない相手は、交際してからもあなたが1人で頑張り続けないといけなくなる相手である可能性が高いです。

# Part 3

# 自分も相手も大切にできる関係を作っていこう

# お付き合いが始まったら全体像を把握しよう

## 最初の3ヶ月のキーワードはペース合わせ

めでたくお付き合いをすることになり、交際がスタートした最初の3ヶ月は、《お試し期間》ではなく《ペース合わせの期間》のスタートです。「正式に付き合ってからが、本格スタート！」となりやすい女性と違い、男性は、付き合うまでの期間に、無意識に張り切る方がやはり多いように思います。その男女間ギャップで「釣った魚に餌はあげない人だったんだ」と混乱するケースをたくさん見てきました。この無意識に張り切っている状態、これは彼がテーマパークにいる着ぐるみを着ているようなイメージです。

テーマパークの着ぐるみは、ゲストを楽しませ、喜ばせようと全てにおいて一生懸命です。身振りも大きく、あなたを見つけたら駆け寄ってきてくれます。交際前の彼は、それが意識的にであれ、無意識であれ、あなたを楽しませるために、背伸びをして通常よりもサービス精神旺盛な状態。交際がスタートし、半年くらい経つと彼は少しホッとして、着ぐるみから普通の服にお着替えです。お疲れ様でした！

いかがでしょう？ そのように考えると「釣った魚に餌はあげない人だったんだ」と考えるより、ずっと優しい気持ちになりませんか？ これを私は《着ぐるみ理論》と呼んでいます。期間は様々でギャップが少ない方もいらっしゃいますが、着ぐるみを脱いだ通常モードの彼には、彼がこれまで生きてきた日常生活のスタイルがあり、大切なものがあり、ペースがあります。あなたにも、あなたのこれまでの日常があり、大切なものがあり、ペースがありますよね。それは、あなたへの愛情量とは全く関係ないところに存在するものです。

代表的なペース・スタイル５つを挙げると、

- ●連絡のペース（電話する？ しない？ 用のないメッセージはする？）
- ●デートのペース（休日のみ？ 仕事終わりに会う２人になる？）
- ●恋愛以外の大切にしたいスタイル（友達？ 趣味？ 仕事？）
- ●予定のない日の過ごすペース（お昼まで寝る？ 家事する？）
- ●機嫌が悪くなったとき、落ち込んだときの表現

このあたりの違いを知っていき、お互いのペースを合わせていくことで２人だけの関係

の基盤ができてきます。ポイントは、違いがあるのは当たり前なので、違いを押し殺し、嫌われないように相手のペースに合わせすぎないこと。気持ちを測るために、あえてわがままを言うようなことをせず、友人に接するレベルの思いやりを持っていればそれでＯＫです。

相手との違いがわかったときのペースの合わせ方の例をお伝えしておきます。

例）休みがなかなか合わないから、週１回も会えないときもあるし、私は平日もお互いが大丈夫な日は軽くご飯に行ったり、一緒に途中まで帰ったりしたい。だけど、彼は休みの日だけで平気そう……あんまり会わなくても平気なタイプって言っていたし、仕事も忙しそうだし合わせるべき？モヤモヤ……。

**方法①ＬＩＮＥなどのメッセージで軽くそのまま伝える、断られたら次に会ったときに①のように話題に出して擦り合わせると◎**

「今週会えなさそうだから、どこかで仕事終わりに待ち合わせてご飯行くとか途中まで一緒に帰るとかしたいです。どうかな？」

## 方法②会っているときに直接話題に出して擦り合わせる
## 「休みが合わないときは平日でも都合が合えば、仕事終わりにご飯に行ったりしたいんだけど○くんはどう？」

1人でモヤモヤして様子を伺う、無理して合わせて我慢するのではなく、こうしたいな～と思ったときにサッと伝え、相談、共有することを大切にしましょう。I Messageの基本の型、《私はこう思う（こうしたい）＋あなたはどう？》で伝えるのがポイント。語尾を「～かな？」にすると柔らかく伝わります。

また、彼との絆を育ててパートナーシップを作っていきたいなら【会った後に、LINEや電話で本音を言う】のも習慣にならないうちに交際当初からやめておきましょう。

3ヶ月は本来特に騒がずに過ごせばあっという間にすぎる期間です。でも脳は変化と習慣に弱いもの。

例えばあなたが、しばらく3ヶ月間で別れるようなことが続いていたのであれば、現在のあなたにとっては「3ヶ月で別れる」ことが安心する習慣であり、流れです。

「それ以上誰かといる状況」は不快でしかなく、無意識に【なんとかして同じ期間で別れよう】としてしまいます。交際前と交際後の変化をめざとく探し、交際前より相手の気持ちが離れているかを確かめようと駆け引きをしたり、相手と意見や習慣の違いが見えたりしたら「思っていた人と違う」、相手の反応が予想と違ったら「別れた方がいいのかな」など感情や決断が別れる方向になりやすいのが習慣の恐ろしさです。

あなたがもし同じような短命恋愛を繰り返しているのなら、その習慣期間が終わるまでは、不快な感情が出てきても、意識は自分の状態に向けマインドを整えながら、彼といて感情的になることがあっても別れる・別れないという結論はすぐには出さず、やり過ごしてみるという選択肢を勇気を持って選んでみてください。たかが期間ですが、されど期間です。習慣になっていた期間を超えたとき、あなたの中できっと変化が生まれますよ。

## 相手との違いは怖がらなくていい

相手とあなたは違う人間です。

価値観が合う、趣味が一緒、考えが似ている……そんなふうに【同じ】である部分だけを大切にするよりも【違い】があるのは当たり前のことだと思い出し、相手と自分の違いも楽しんだ方が、ずっとずっと楽にお付き合いができます。

先ほどお伝えしたペース・スタイル5つもそうですが、違うことは相手を知っていくヒントになるものであり、怖がるものではありません。

## 意見の違い

まずは、あって当たり前だと怖がらないこと。その上で、

●受け止めること（受容）

例）「なるほど！そうなんだね」「確かに。そう考えることもできるよね」「私は○○だと思うけど、そう言われるとその考えもわかる」など。無理に共感はしない。またやりがちですが、受容が毎回「そうなんだ〜」のみだと、雑な印象です。何か一言を追加してバリエーションを大切にしましょう。

●「私はこうしたい」というように要望がある場合は、提案か相談すること

例）「今日は○○にしたいんだけどどう？」「○○に変更してもらっていいかな？」（提案）
「○○は難しいから、私は△にしたいんだけど、困らせたいわけじゃないし、どうしたらいいか相談したい」（相談）

相談のときは、どうしたらいいかわからなくて……というような語尾をぼかした伝え方ではなく、迷っているから相談したい、どちらにしようか決められないから意見を聞きたいなど、はっきりわかりやすく伝えるのがコツです。

●共感や同意がなくても「私のこと本気じゃない、大切ではないんだ」と愛情の量＝受容量としては捉えないこと。共感や同意してくれないことと愛情を一緒にすると、合わせてくれることが愛になり、あなた側も合わせないと好かれないという思考がどんどん強くなってしまいます。相手の意見を受け止め、その上でどう伝えるか考えてみましょう。

## 愛情表現の違い

あなた側から見て、好意は感じるし、誠実さも伝わるけれど、そこまでの情熱や着ぐるみ感はない……。そんなときに思い出してほしいのは愛情の表現は人によって異なり、その表現方法は様々なこと。そして、基本的には同じ表現を相手に求めることが多く、それ以外は伝わりにくいという特徴もあります。

代表的な愛情（好意）の表現方法は5つ。①言葉②時間③プレゼント④相手のための行動⑤スキンシップです。

あなたは、好きな人にどの表現を使うことが多いでしょうか？ また、あなたのパートナーや気になるお相手はどの表現タイプでしょうか？ 彼は彼なりの方法で、すでに表現してくれているかもしれません。自分が受け取れる（喜べる）形に変えていくのが彼育ですが、変えていきたい場合も、まずは相手の表現をきちんと受け取ることが最初の一歩です。

## 感情表現の違い

嬉しいときに、わかりやすく全身で喜んでくれる人もいれば、表面上はあまり変わらず、サラッとしている人もいますよね。私が交際初期の早い段階で違いを把握していた方がいいと思うのはこの2つです。

## 怒ったとき、不機嫌になったときの相手の態度

無理に怒らせる必要はありませんが、機嫌が悪くなったときに、その場で言葉で怒りを表す人なのか？無言になる人なのか？そのときには態度に出さずに、後から嫌味を言ってくるのか？などの表現方法、そして、どうやって機嫌を元に戻すのか？などを、心の中で観察日記をつけるような視点も持っておくと、例えばこの先相手に「怒ったときにこういうふうにするのだけはやめてほしい」というような交渉をするときや、怒らせてしまったときの対処法が見つけやすいです。もちろん、悪いことをしたなと思うときは誠意を持って謝るなど、親しい中での礼儀は大切にしましょう。

## 喜ぶポイント

「この人はどんなことで喜ぶのかな？」という気持ちで相手をよく見るようにすることで、

わかることも多いです。彼が喜ぶからと、病気のときなどの看病を除いて、日常でお世話を一生懸命する、高価なプレゼントをするのはやめておきましょう。自分が嫌なことはしない、疲れているときは無理しないことをお付き合い当初から大切にしていると、無理して頑張らなくても大切にされる関係が育ちます。お世話の量で男性の愛は育たないことも覚えておきましょう。

## 最近の2人でいるときの会話・態度を振り返る習慣を持とう

私が雑談だけではなく、将来のこと、仕事のこと、家族のこと……2人のこれからにとって大切な話を、どちらかが泣きながらや怒りながらなど、感情的にならないで相談し合え、決めていけるようになったのは【話をする前に、最近の自分たちの状態を振り返り、話したい内容を文字に起こして整理してから話すようにした】からです。

もう恋愛で泣きたくないとコミュニケーションや心理学を学んでいく中で、良好な関係を作っていくためには、何を言えばいいのか？よりも、自分がどう思っているのか？であり、それをどう伝えるかが大切だと気が付いたとき、今まで上手くいかなかったのは、その場の感情の勢いで、話しているのも大きな原因の1つだと気が付きました。今思えば上手にできないのに、勢いだけでやろうとしても上手くいかないのは当たり前ですね……。

●最近の自分たちの状態を振り返る

●話したい内容は文字に起こして整理してから話す

これらを意識することで、徐々に色々な深い話ができるようになりました。相手との意見の違いが発覚しても、「私のこと大切じゃないんだ!」など、自分の価値と相手の意見を結びつけることも少なくなり、望まない展開になったとしても、暴走し、自爆して後悔……というようなこともなくなりました。HCAでは特に重要視してレッスンしている部分です。受講生たちからも「こんなにスムーズに話せるようになるとは思っていませんでした」「少し気をつけるだけで全然違うのですね」と言っていただけます。こちらもお付き合いのステージが変わっても、ずっと大切なスキルです。

ここでは【最近の自分たちの状態を振り返る】やり方についてお伝えします。

今の2人の状態=最近の2人でいるときのあなたの会話や態度。そこを見つめる習慣を持つようにすると色々なことが見えてきます。I Messageや4原則に慣れてくると起こりがちなのですが、ありがとう!嬉しい♡などの感謝や喜びのみ伝えていて、ちょっとした疑問や不満に気が付いているのに後回しにしてしまっていてもアンバランスですし、逆に不満や疑問を軽く伝えられるようになったからと、喜びや感謝の表現はいつの間にかなくなり、会うたびに、「○○してほしいんだけどどうかな?」「○○は嫌なんだけど(笑)」など依頼や不満を伝え、感謝は伝えているから大丈夫♪と相談や愚痴を聞いてもらってばかりいてもアンバランスです。

大切なのはバランスです。ここ最近の2人でいるときの会話を振り返り、感謝や喜び、ただ2人で楽しむ、笑い合う時間を8割、相談、愚痴、不満や依頼、その他真剣な話し合いの時間が2割になるように意識することで、一番大切な《一緒にいて楽しい・心地よい》という感覚をキープしたまま、ただ、一緒にいて楽しいだけじゃない2人になっていくことができます。

最近1ヶ月程度を目安に、ご自身の態度や言葉など一緒にいる時間全体を振り返るようにしましょう。メッセージや電話での雰囲気なども思い返してみてください。

自分ではそんなつもりはなかったけど、相手目線で見たら不満ばかり表現してしまっている……というような状況を防げたり、何か話し合うときも、ここ最近は、交渉が多かったからしばらくはただ楽しんだり、感謝を伝えたりしよう、と自分なりに関係のバランスを取ることもできるようになります。また、相手への不満が増えているなと感じるときは、自分で自分を満たすという視点が弱くなっていることも考えられます。相手に伝えるばかりではなく、自分にフォーカスし、マインドを整えることも大切です。

## 彼の隣で勝手に幸せでいよう

ずっとずっと愛し、愛されるパートナーシップを維持するための心構えはひとつだけ。【彼の隣で勝手に幸せでいること】です。ポイントは《勝手に》！

お付き合いをしているからには、相手から与えてもらえる幸せに期待する部分はあると思います。優しい言葉をかけてもらうこと、抱きしめてもらうこと、支えになってもらうこと、ときにはプレゼントをもらうこと、ただ手を繋いで眠ること……彼への気持ちが膨らみ、安定していくにつれて、そのどれもが他では替えが利かない特別なものとなり、あなたを温かく満たしてくれると思います。

ですが、相手から与えてもらえる幸せ《だけ》で心の全てを満たそうとするのではなく、自分は自分として、自分の人生を、毎日を楽しみ、自分の幸せを楽しんでいく。

「彼のためにご機嫌でいようとするのではなく、私は私の人生のために毎日を楽しむ」そう決めてしまうと、《相手にも相手の人生があり彼の都合で元気のない日も、機嫌の悪い日もある》ということを受け入れられるようになります。

すぐ隣にいても、彼には彼の日々があり、あなたにはあなたの日々があります。

「私が○○したからだ」「私が悪いんだ……」と彼の言動を全て自分の責任に繋げて考えてしまっていませんか？

私自身も彼のために、彼の機嫌を損ねないように、相手が笑顔になるようにと必死で頑張るよりも、私は私で勝手に幸せでいることを心がけた方が、大切にされると気が付いたときは本当に目から鱗でしたが……自分に置き換えてみたらよくわかりました。

私に好かれようとして色々やってくれたり考えてくれたりする。大切に思ってくれているのも伝わる。けれど無理している感じがする人と、笑顔で自分の毎日を楽しそうに過ごしている人だったらどちらと一緒にいたいか、一緒にいて楽かは明白ですよね。

あなたを大切に思っている彼の心が満たされるのは《自分のために頑張っているあなたの姿》ではなく、あなたが自分の隣で楽しく幸せに過ごしている姿です。

# 仲が深まるケンカのお作法

## ケンカするほど仲がいいは嘘

お付き合いが始まり、お互いのペースを知り、馴染ませていく《ペース合わせ》期間が終わって、お付き合いが落ち着いてきたら、ケンカについても先に考えておきましょう。

【ケンカするほど仲がいい】は私は一概にそうは思いません。

意見や考えが違うとき、言いたいことをケンカになるような雰囲気でしか表現できないのは、仲が良くなったわけではなく、精神的距離が近くなりすぎて無遠慮になったということ。どちらか一方が泣いたり怒ったりして、感情をぶつけていても仲は深まりません。

これから一緒にいる中で、感情的に怒りや悲しみをぶつけられることも、ぶつけてしまうこともあるかもしれません。それも2人の歴史の中の一部。ですが、感情をぶつけ合ってこそ仲がいい証拠と思っていると、脳は、意識が向いている部分を優先的にキャッチしてしまうため、一緒にいる時間が長くなればなるほど【感情をぶつけるチャンス】を探してしまうようになります。ちょっとしたことにイライラしたり、指摘して文句を言いたくなったりしてしまうということです。これまでお伝えしてきた

●どんなときも自分の状態を整えることを第一に考える
●彼と一緒にいるときのポジティブとネガティブのバランスを8対2にする
●パートナーノートやワンアクションで溜めないことを意識する

などを大切に、感情をぶつけ合うのは良しとせず【腹が立ったときにも適切に表現できる】を目指していくことで、トラブルも仲が深まるきっかけとして長い目線で捉えていけるようになります。ここでは、そんなケンカの作法を順にお伝えしていきますね。

## 彼の不機嫌は絆を深める貴重なデータ

「相手にいつも笑顔でいてほしい」「一緒に楽しく過ごしたい」そう思うのは自然なことです。とはいえ、相手には相手の思考があり、毎日があるので、あなたの態度や言動に関係なく、彼は彼個人のことで機嫌が悪くなり、イライラすることだってあります。例えば、朝から雨でいつもより電車が混んでいて足を踏まれてしまったとか、理不尽なことで怒ら

れたとか、あまり眠れなかったとか。あなたと同じように彼にもそういう毎日があります。もちろん、あなたの悪気のないふとした言葉や態度から不機嫌になることもあるかもしれません。相手が不機嫌になったと感じると、少なからず焦りますよね。こちらに不手際があった場合は反省し、「ごめんなさい」と素直に謝る配慮は必要。

でも！機嫌が悪くなったり、怒ったりするときの行動は、貴重なデータでもあります。そのときの程度によって差はありますが、怒り・不機嫌なときの言動さらには、《そうなってから元の状態に戻るまでの流れ》は基本的には同じパターンのことが多いです。

●どういうときに不機嫌になる人なのか？
●自分から謝る（謝ることもできる）のか？
●怒るとor不機嫌になるとどういう態度になるのか？

このあたりを知れるのは、そのときだけです。

ケンカにならないように配慮するのと、怒らせないように、不機嫌にさせないように我慢・遠慮するのは全く違います。彼の色々な顔を知っていき、対応できるようになっていくことで、彼との将来も具体的になっていきます。そのためには、データも必要。彼の不機嫌パターンを心に留めておきましょう。

## 相手の話を遮らずに最後まで聞こう

口論をヒートアップさせないコツは2つ。1つめは相手が口を開いたら相手が話し切る最後までよく聞くことです。自分側も怒りが強い場合は、つい途中で「違う」「だからそういうことじゃなくて」「なんでそんな言い方するの」など反論したくなりますが、グッと我慢すること。相手が息を吐き切るまでは、相手の言い分に耳を傾け、相手の目線に立って、話している内容を受け止め、理解することに集中しましょう。

2つめは、相手が息を吐き切った後、【間髪入れずに自分の考えていることを言わないこと。《相手が話す（自分が聞く）》と、《自分が話す（相手が聞く）》の間には【受け止める（受容）】というステップが入ります。

自分の話す番が回ってきたときに、自分の中で用意していた自分の考えだけを伝えていないでしょうか？ それは、話し合いではなく意見の発表会です。相手がこう！ 私はこう！と順番に発表しても、その行き違いはどこにもたどり着けません。

### 受け止めの表現

- 間髪入れずに話さず、相手の話を受け止める間のために、一呼吸おいて話す
- 「そうなんだね」「なるほど」「そっか……」など、受け止める一言を大切にする
- 「今、○○と話してくれたけれど、それはこういうことなんだ」など、相手の言い分を受けて、何かを説明したい場合は相手の言葉を引用する

ケンカや行き違いを仲が深まるきっかけとするためには、その場の空気を《感情の発表会》から《擦り合わせの会議》へとスライドさせていく必要があります。そのために【受け止める】は大切です。

## ヒートアップしたら、新事実が出てきたら、一回持ち帰ろう

ときには売り言葉に買い言葉状態になることもあると思います。そんなときはとにかく一度持ち帰ること！

相手の話をよく聞き、受け止めることにフォーカスしていると「え？ そう考えてたの？」「そう捉えられても確かに仕方ないな」というように、相手の気持ちや意見をその場で新しく知ることも。新事実が出てきた場合は特に、いきなりで何と言っていいかわからないと

いう状況になります。そのような場合も、一回持ち帰りたい旨を相手に伝えましょう。

例）お礼＋混乱している気持ち＋要望

「話してくれてありがとう。よくわかった。そういう話になると思わなかったから混乱していて、言葉がまとまらないから、一回持ち帰らせて土曜日にまた話させてほしい」

「話してくれてありがとう。よくわかった。まさかそう考えてくれていたなんて思わなくてびっくりして……。ちょっと整理してから、次会ったときに私から話してもいい？」

このとき、例のように次に話すタイミングを明確に提示した方がスムーズです。持ち帰ったら、ボールはあなたが持っている状態です。提示した次のタイミングの日には、相手から話を振ってくれるかどうかで誠実さを測るような駆け引きの行動はせず、必ず自分から話題に出すようにしましょう。

## 特別な2人になっていこう

### お互いが心地よくなれる「アサーション」って？

アサーションとは、《相手を尊重しながら、自分の気持ちも大切にする》押しつけない自己主張のコミュニケーション手法の1つです。

私自身が、本当はこうしたいけど、嫌われたくない、好かれたいから相手に合わせていたため、長年コミュニケーションというものは、相手に合わせるか?相手に合わせてもらうか?(=相手はきっと私のために多少は我慢してくれているんだろう)というものでした。「合わない部分は必ずあるから、誰かと円満でいるためには、どちらかが相手に合わせて我慢しなくてはいけない」「好かれるためには、相手と同じ意見や考えでなくてはならない」という極端な考えをゆるめるきっかけをくれたのが、アサーションという手法です。

アサーションにおいて、人のコミュニケーションパターンは4つに分類されます。相手と自分両方を尊重しているバランスの良いコミュニケーションの状態を《アサーティブ》と言います。

これらはそれぞれの特徴から、ジャイアン、のび太、スネ夫、しずかちゃんと、ドラえもんのキャラクターに例えられることも多いようです。特に、思い通りにいかないとき、予定外のことが起きたとき、相手や周りと意見が違ったときにその差が出やすくなります。自分はどれかな?と考えながら読み進めてみてください。

**①攻撃型：**ジャイアンのように、怒りや感情が強く出てしまい言動が一方的になってしまうタイプ

例）「なんで私ばっかり！」「どうしてわかってくれないの！」「私は悪くないし！相手が悪い！」「私が悪いってこと⁉」などどちらかを被害者にする

**②非主張型：**のび太のように、自分が我慢すれば丸く収まる……と自分の気持ちを押し込めるタイプ

例）「（本当は早く帰りたいけど）わかりました残業しますね！」「（相手の顔色を見て）もう大丈夫だよ！」「嫌ではないけど……」「そういう意味じゃなくて……」など語尾がはっきりしない言い方をする

**③作為型：**スネ夫のように、遠回しな嫌味や態度で相手に察してもらおうとするタイプ

例）（嫌なことを言われたら）無言で不機嫌になる、しょんぼりする、黙って泣くなど態度が変わり、どうしたの?と聞かれても「なんでもない」など理由をなかなか言わない

早く帰りたいと思っているがはっきりは言わず時計をチラチラ見る

「私のことどうでもいいんだもんね～?」「どうせできないでしょ?」など嫌味や冗談っ

ぽく本心を伝えて反応を見る

**④アサーティブ型：**しずかちゃんに例えられ、相手の気持ちを尊重し思いやりながらも自分の伝えることはきちんと伝えられるバランスの良いタイプ

例）I Message「私はこうしたいと考えています」

I Message ＋相手の気持ちを尋ねる「私はこう思うのだけど、あなたはどう？」

押しつけではなく、依頼する「○○をお願いできないかな？」

代替案を提案する「今日は難しいですが、○日までなら可能です。どうでしょうか？」

素直に伝える「今日は、大切な用があるため、お先に失礼させてください」

受け止めた上ではっきりと伝える「気持ちはとても嬉しいのだけど、お断りさせてください」など

いかがでしたか？あなたに、彼に、当てはまるタイプはありましたでしょうか？

会社では非主張型だけど、彼氏の前では攻撃型、家族には攻撃型だけど、彼氏には作為型など関係性によって変わる場合もあります。コミュニケーションには相性もあるため、この人の前だと攻撃型になってしまう……など相手のタイプにより変わることもあります。

できるだけ、相手や状況に関わらずアサーティブな状態を目指すことで、どちらかが必ず無理や我慢をしていることがない、双方が心地よいコミュニケーションを目指せます。

2つのパートナーシップを大切にしていくと自然にアサーティブな状態に整っていきますが、自分とのコミュニケーションがおろそかになり、マインドが乱れると一時的に①〜③が出やすくなることもありますので、マインドを整えてあげましょう。

## 彼との絆を深めていくパートナーシップコミュニケーション

### やりがち！3つのNGコミュニケーションパターン

さて、ここから本格的に、男性との絆を育てるパートナーシップコミュニケーションについて触れていきます。まずはどんな状況であれお相手であれ、今ここから「やめていこう」と決意していただきたい、大切な3つのNGコミュニケーションパターンから。

これらは、多くの女性が良かれと思ってやっていることが多いです。それは、この3つはそのまま女性同士であれば、好感を持たれやすいコミュニケーションであるからです。

こういったパターンを変えていくためには、自分のパターンに気付く（自分で認識する）ことが大切です。自覚が持てなければ修正していくことはできません。HCAでは、私が実際にコンサルを行っていく中で、気付きが生まれ、変化されていきます。どれに当てはまるかな？と考えながら読み進めてみてください。

**勝手に先回り**（一般的によく言われているから、こう言ったらこう思われるだろうから）

「男の人は、追いかけたい生き物だから、自分から誘うのはやめておこう」「誕生日は、ホテルでディナーがいいけどお金がかかる女は結婚相手としては見られないって思われるだろうからお家がいいって言おう」など、目の前の相手の気持ちを決めつけて一般論や自分の中での思い込みをベースに行動を決める。

**自己完結**（〇〇したくなさそう、〇〇してくれないってことはこう思っているんだろうな）

「結婚の話題を出したら何となく空気が重くなったから嫌なんだろうな」「お店の予約をしてくれないってことは本気じゃないんだろうな」など相手の行動から気持ちを押し測り、自分の中だけで結論付けてしまう。先回りと似ていますが、先回りは察して行動する、自己完結は、自分の中で完結させて、そこで行動せず終わりにするという違いがあります。

**確信を言わない**（〇〇してほしいのに……・探りを入れる行動）

本当はもっと連絡がほしいと思っているけれど、してくれないから（気付かせるために）連絡しない。本当に聞きたいのは違うことだけど、はっきりとは言いにくいから、近い話題を振って様子を見てみるなど、さりげなく考えを知ろうとする。

いかがでしたか？当てはまるものはありましたでしょうか？

ちなみに、過去の私は全部やっていました。相手の機嫌を損ねるのが怖くて一般論ばかりを気にして、相手の一挙一動を悪いふうに捉え1人で落ち込み、本当はこうしてほしい、と自分の中でわかっていても、はっきり言うとわがままだと思われそうで、《とりあえずこうやってみて（言ってみて）様子を見よう》といつも思っていました。

そして限界が来て不安が溢れ、怒りや悲しみをぶつけてしまっていました。目の前の相手ではなく、自分が嫌われないことにフォーカスし、相手と直接のコミュニケーションを取ることから逃げていたんだな……と今ならわかります。

当てはまるものがあっても大丈夫。少しずつ一緒に整えていきましょう。

## パートナーシップコミュニケーション　基本4原則

相手との絆を育てていく要となるコミュニケーションにおいて、重要なことは実はとてもシンプルです。そのときのあなたの目的、感情、相手との関係、伝えたい気持ちによって、内容《何を伝えるか》は変わりますが、心がけることは変わりません。今からお伝えする4つは、男性とのコミュニケーションをスムーズにする基本原則になります。交際前・交際中などステージに関係なく少し気をつけるだけで、トラブルや行き違いが格段に少なくなるのを実感していただけるはずです。

### 深読みせず本人にそのまますぐ聞く

彼とデートしている会話の中で、「なんでそんなことした（言った）んだろう？ なんだか彼らしくないような？」「この前は違うふうに言っていた気がするけど変わったのかな？ 私の勘違いかなぁ」「もしかして今日元気ない？ 私何かしたかな？」「どうして○○してくれないんだろう……私に興味ないってこと？」「この前のＬＩＮＥってどっちの意味なんだろう？ 遠回しに結婚する気ないって言われてる？」こんなふうに、彼のふとした発言や行動が気になったけれどその場では聞きにくく、そのまま流してしまって内心１人でモヤモヤしたり、その場では気にならなかったけれど、後からだんだん「?」となったりする場合もあると思います。そんなふとした疑問や違和感を放っておかないことが、お互いにとって心地よいコミュニケーションが取れるようになる第一歩!そのままにしておくと、様々な深読みや結論付けなどが始まってしまい、NGコミュニケーションも発動しやすいです。

【先回り】「きっと彼の本音はこうってことだから、私はこうしたほうがいいよね」

【自己完結】「そういう人だったんだ!もういいや……」

【核心を言わない】「芸能人の○○が結婚したんだって〜(彼の反応をチラッ)」

疑問や気がかり自体は小さなものではありますが、放っておくとその小さな《言わなかったこと》は知らない間にあなたの心に蓄積され、自分でも気が付かない間に相手への大きな不満や不安に変わります。一般的にですが女性の脳は、男性の脳よりも脳梁と呼ばれる右脳と左脳を結ぶコードのような器官の数が多いため、色々な出来事や感情を同時に考えて、処理する能力が高いと言われています。落ち込んだときに、最初は別のことがきっかけだったはずなのに、いつの間にか、あれもこれももう全部ダメだ……となったり、男性に些細なことで怒っていたはずが、あれもこれもやってくれなかった!いつもそう!と過去のことまでいっしょくたになり怒りや悲しみが飛び火しやすいと言われているのも、関連付けて考えられるマルチタスク脳だからですね。

【疑問や気になったことはその場でそのまま軽く聞く。後から気になったときは次に会ったときに聞く】これを意識するだけで、かなり楽になることを実感していただけるはずです。

## その場で聞く場合の色々なパターン

（確認）「ん？　それってどういうこと？」「あれ？　○○って意味で合っている？」「え？　ごめんよくわからなかった。もう一回言ってもらってもいい？」

（理由を聞いてみる）「そうなんだ！　それはどういう考えでそうしようって思ったの？」「いつも○○だけど、それって何かあなたなりのこだわりがあったりするの？」

## 後から聞く場合の色々なパターン

（確認）「この前、こういうふうに言っていたでしょ？　それってそのときどうして○○しなかったの？」「この前さ、○○って話してくれて、それはすごく嬉しかったんだけど、△△って意味で合っている？」

（理由を聞いてみる）「この前は何となく聞きにくかったんだけどさ、○○したって話してくれたじゃない？それってどうしてそうしたのか聞いてもいい？」

聞いた後は「そうなんだ～！話してくれてありがとう」「だよね。安心した」「なるほど！よくわかった！ありがとう」など受容＋お礼を伝えましょう。聞きにくいことを聞くときは、「聞きにくいのだけど……聞いてもいいかな？」と前置きをする、相手が答えたくないかも？と判断に迷うようなことは、前置きとして「あのね、もし答えにくかったら大丈夫なんだけど」と、ワンクッション置いてから話す、もしくは言い終わりに「もし話しにくいとかがあればそれは遠慮せず言ってね」と添えると、相手が《答えない選択肢》も選びやすくなります。答えない選択肢を相手が選んだ場合も「いきなりごめんね。考えてくれてor聞いてくれてありがとう」とお礼を伝えましょう。

また、○○って意味で合っている？と確認する場合は、「無理ってこと？」などマイナスな方の確認ではなく「してくれるってことだよね？」などできるだけいい方の意味で確認するようにした方が印象が良くなります。

## 簡潔・シンプル！目的を明確に提示して、数を少なくして話す

男性との会話は、《目的を明確に提示して、数を少なくシンプルに話す》ことも重要です。

目的とは、その話をすることによって

傾聴：ただ話を聞いてもらいたい

話し合い相談：2人で何かを決めたい、考えたい

話し合い交渉：相手に何かをやめてもらいたい、やってもらいたい

のように、《その会話をすることの趣旨》を指します。

例えばあなたが仕事のことを話したいと思ったとしますよね。何も考えずに話すとこのような形になることが多いです。

「聞いてよ～最近、仕事がすごく忙しくて、疲れているなって思う。新しく入った後輩もいい子だけどさ、どう教えていいのかわかんなくてたまに疲れるんだよね。何回も同じこと聞かれるから少しは自分でも考えてって思うときもあるし……それとも相手の問題なのかって悩む。まぁ聞いてこないで勝手に進めちゃうよりはマシだし、新人の頃って質問しにくいなって思って聞いていいよって言われても聞けなかったりとかもあるから、何回も聞いてくれること自体は嬉しいんだけどさ。どうしたらいいか迷うこと多いんだよね。あ

とさ正直やめようかって何年も前から思ってて、でも結局そのままでさ〜。連休と繋げて有給取って旅行行く約束は前から同僚としてるからとりあえずはそれを楽しみに頑張ろうって思ってる。けど結婚もしたいし、子どもも欲しいなって思うから今やめたら産休も育休も勿体無いしとか……もう不安でどうしようって感じなんだけどどう思う？ほんとしんどい〜彼氏ともゆっくりしたいから休み合わせてほしい」


これが同性の友人であれば多くの場合は問題なく、

「そうだよね。めっちゃわかる！どう教えていいか本当迷うよね〜私もやめたいなって思うけど、何だかんだ福利厚生とかも安定してるし、今やめても特にやりたいことがはっきりしてるわけじゃないしさ〜旅行いいなぁ。どこ行くの？」

「ほんとは海外行きたいんだけど移動に時間使うより、近場でゆっくりしようってなって。京都でお寺とかパワースポット巡ろうかなって」

「そうなんだ！私も去年行ったよ京都！〇〇って神社がご利益強いらしくておすすめ！子どももさ、いつかは欲しいけど、まずは結婚だよねぇ。彼氏は将来のこと何て言ってるの？」

「え〜ありがとう行ってみる！そうなんだよね……。あんまりダラダラ付き合いたくはないんだけど、身体のこと考えると迷うっていうかどうしようかなって。彼とは結婚の話題は出てるんだけどね……」

……と会話は続くのですが、相手が男性の場合、同じように話しても「?」となることがほとんど。基本的に男性は優しいので「確かに勿体無いとは思う」や「そうだね～」とは言ってくれるかもしれませんが、女性側からしたら、(どう思う?って相談しているのに、なんでそんな適当な返事なの……)とか(しんどいって言ったし色々話したのに、全然わかってもらえている気がしない)となったりもしますよね。

先ほどの例を元に解説すると※()は男性の気持ちのイメージ

聞いてよ～
(聞いてほしいんだな。聞こう)
最近、仕事がすごく忙しくて、疲れているなって思う。新しく入った後輩もいい子だけどさ、どう教えていいのかわかんなくてたまに疲れるんだよね。何回も同じこと聞かれるから少しは自分でも考えてって思うときもあるし……私の教え方が悪いのか?それとも相手の問題なのかって悩む。

（なるほど。何回も同じこと聞かれて困るときは、○○するといいかもなぁ）

まぁ聞いてこないで勝手に進めちゃうよりはマシだし、新人の頃って質問しにくいなって思って聞いていいよって言われても聞けなかったりとかもあるから、何回も聞いてくれること自体は嬉しいんだけどさ。

（あれ？嬉しいのか。相談じゃない？）

どうしたらいいか迷うこと多いんだよね。

（え？迷ってるの？何に？）

あとさ正直やめようかって何年も前から思ってて、でも結局そのままでさ〜。

（何て言ってあげればいいかなぁ。でもやめるかもしれないなら迷う必要あるのかな。言わないけど）

連休と繋げて有給取って旅行行く約束は前から同僚としてるからとりあえずはそれを楽しみに頑張ろうって思ってる。

（あ。とりあえず頑張るのか。っていうか旅行行くんだ）

けど結婚もしたいし、子どもも欲しいなって思うから今やめたら産休も育休も勿体無いしとか……もう不安でどうしようって感じなんだけどどう思う？

（え？急に結婚の話？新人の話じゃなくて？産休？？ていうか聞いてほしいって話だった

から聞いてたけど、何か言った方がいいのか？どう思うってどこから？何を？大変そうだなって思うけど……）

ほんとしんどい～○○くんともゆっくりしたいから休み合わせてほしい。

（結局休み合うかって話でいいの？）

というイメージです。

今回の例から目的を振り分けると

●聞いてよ～（傾聴）
●新人に対して自分の教え方が悪いのか？それとも相手の問題かと悩む（相談）
●聞いてくれることは嬉しいと思っている（傾聴）
●やめたいと思うけど何年も前からそのままだがとりあえず旅行は楽しみ（傾聴）
●結婚もしたいけど今やめたら産休も育休もあるのに勿体無いしどうしていいかわからないからどう思うか聞きたい（相談）
●ゆっくりしたいから休みを合わせてほしい（交渉）

と複数の目的が混在しています。さらに話題も、仕事・結婚や育休などの子どもの話・旅行・彼とゆっくりしたいなど、様々な話題が同時に出てきています。この状態だと、あなたが一生懸命話しても、男性相手には趣旨が伝わらない可能性が高くなります。

①基本的に一度の話での目的は最大2つまで、メインの話題は1つを心がける。目的が2つになる場合は、1つずつ分けて話す

②冒頭で明確に目的を提示する

この2つを意識すると格段に伝わりやすくなります。

例）メイン話題：仕事

目的：後輩への相談（相談：意見）＋お休みを合わせてほしい（交渉）

「仕事のことで相談とお願いがあるんだけどさ、まず相談なんだけど。

新しく入った後輩、すごくいい子なんだけど、何回も同じこと聞かれることが多くて……どう教えていいかわからなくて疲れることがあって。自分の教え方が悪いのかな？それとも相手の問題なのかどっちなんだろうって迷うんだよね。聞いてこないで勝手に進められるよりはマシだし、新人の頃って質問しにくいなって思って聞いていいよって言われても聞けなかったりとかもあるから、何回も聞いてくれること自体は嬉しいんだけどどうしたらいいのかわからなくて。○○くんならどう対処するか聞きたい」

（目的が2つのため、ここで一度相談の部分を受けての相手の話を聞く・「普段どう教えているの？」など追加質問があれば答える）

「なるほど。それで一回やってみる！ありがとう。それとね、もう1つのお願いの方なんだけど、最近仕事そんな感じですごく疲れててほんとしんどくて。だから○○くんとお休み合わせてゆっくりできたらなって思ってるんだけど、合わせて取ってもらえたりする？」

例）メイン話題：仕事

目的：聞いてほしい（傾聴）

「仕事のことで色々と混乱してて、不安だからちょっと愚痴っぽくなっちゃうかもだけど聞いてほしい。話を聞いてくれるだけで落ち着くと思うから。

最近、仕事がすごく忙しくて、疲れているなって思う。新しく入った後輩もいい子だけどさ、どう教えていいのかわかんなくてたまに疲れるんだ。何回も同じこと聞かれるから少しは自分でも考えてって思うときもあるし……

まぁ聞いてこないで勝手に進めちゃうよりはマシだし、新人の頃って質問しにくいなって思って聞いていいよって言われても聞けなかったりとかもあるから、何回も聞いてくれること自体は嬉しいんだけどね。

正直やめようかって何年も思ってて、でも結局そのままでさ〜。連休と繋げて有給取って旅行行く約束は前から同僚としてるからとりあえずはそれを楽しみに頑張ろうって思ってる。もう不安でどうしようって感じもあるけど頑張る！聞いてくれてありがとう」

同じ内容でも、目的をどうするかで伝わり方が変わります。目的を意識して話しても、必ずほしい反応や言葉がもらえるかは受け取り手である彼の問題ですが、聞いてほしい話と、その他を分類してみるところから取り入れてみてください。

## ネガティブな話題は最後をポジティブに

「可愛いですね」「いいですね」「すごいですね」と褒められたら、「ありがとうございます」「嬉しいです」などお礼か喜びで受け取る。ここまではよく言われていることだと思います。褒めたことを謙遜で返されるより、喜んでもらった方が相手も嬉しいですものね。

この【ネガティブな話題は最後をポジティブに】は、そこからもう一歩踏んで意識する事柄になります。大きく分けて2つのパターンがありますので解説していきます。

## ①褒められたときに自虐フォローで締めるのをやめる

彼「お弁当作ってるんですか？すごいですね！僕なんて毎日コンビニですよ」
あなた「ありがとうございます。でも、この前は失敗したんですけどね……」

自虐フォローとはこのように、お礼で受け取っているものの、「でも」と自虐で締めようとする話し方の癖のこと。

褒められるときは（そこまででもないのにな……）と感じる言い方をされることも多いですが、毎回のように最後に自分を下げるフォローが入ると、自己肯定感の低さが伝わるだけなく、相手もそのフォローに対してまた「いやいやすごいですよ！僕なんて……」と自分を下げる形のフォローの応酬が続きます。相手にフォローさせる関係は長期的な関係や一生のパートナーとしての進展は難しくなってしまうので注意が必要です。会話からくる印象は最初（第一声の受け取り）と最後（いい終わり）で決まります。

彼「お弁当作ってるんですか？すごいですね！僕なんて毎日コンビニですよ」
あなた「ありがとうございます。大したものは入れていないし失敗もするんですが……でもこの前すごい上手に卵焼き焼けたんです♪」

このように、自虐フォローは真ん中に置くようにし、最後はポジティブに締めるように気をつけるだけで印象がガラッと変わります。会話の癖はいきなり変えるのは難しいため、もしも、ネガティブで締めてる！と思ったら

あなた「ありがとうございます。でも、この前は失敗したんですけどね……」＋「それでも、毎朝作ってるとちょっとだけ家庭的な気分になるので楽しいです」

など気が付いたときに、《最後ポジティブ》をプラスしていきましょう。

## ②コンプレックスを話すときにも最後を明るくすると好印象になる

普段コンサルをしていて、お付き合いを始める、結婚へと向かっていくにあたり、コンプレックスに思っていることをお聞きすることがあります。

「恥ずかしいんですが料理全然できなくて」「掃除苦手なんです」「ずっと実家暮らしで……何となく不利な気がして」「両親が離婚していて」「きょうだいに持病があって」「事情があって実家と疎遠で」など各々のご事情もお悩みも人それぞれです。

普段のデートの中で話題に上がるようなことだとどう話していいか迷うこともあると思います。

ポイントはとにかく最後（いい終わり）を明るくすること。できないこと、苦手なことは努力していることや得意なことを足す、できない、難しいことは、できることを伝えましょう。

「恥ずかしいんですが料理全然できなくて」→「料理は苦手なんだけど、少しずつ頑張っていて、最近は和食にチャレンジ中なんだ」

「掃除苦手なんです」→「掃除は苦手なんだけど、お金のやりくりは得意だから、掃除も頑張りつつ分担できればなって思ってる」

「ずっと実家暮らしで……何となく不利な気がして」→「ずっと実家なんだけど、家事は一通りできるしその分親孝行できたかなって今は思うのと、貯蓄頑張ってる」

「両親が離婚していて」→「両親は離婚していて、父と暮らしていて、大変なこともあったけど、その分、幸せな家庭を作りたいなって思ってる」

「きょうだいに持病があって」→「きょうだいに持病があって療養中なんだ。福祉のフルサポートを受けていてありがたいなって思ってる。たまに家族で食事したりもするよ」

「事情があって実家と疎遠で」→「思うところあってそんなに頻繁には帰省しないんだけど、お互い大人だしいい距離感を保っていきたいなって思ってる」

自信がない部分ほど理由を長々説明して弁解してしまいますが、そうすると逆に相手は悪いイメージを想像させてしまいます。短くシンプルに明るく伝えるようにしましょう。

また、お付き合いしている彼に愚痴を聞いてもらったとき、また交際はしていない関係で、そんなつもりはなかったけれどつい文句や愚痴っぽくなってしまった……そんなときも「まぁでも頑張るしかないよね！」＋「〇〇くんに一通り聞いてもらったら元気出た！ありがとう」など、メリハリをつけてポジティブ＋お礼で締めるようにしましょう。

## 不満や依頼はまず軽やかに伝える

ここまでお伝えしてきたものはどれも、交際状況に関わらず、男性とのコミュニケーションをスムーズにするために押さえておいていただきたい基本原則ですが、最後のこちらはお付き合いが始まって以降に使えるものになります。

パートナーシップコミュニケーションにおいて、交際前の期間は《相手を知る》フェーズです。

例

日時やデート場所の変更：「土曜日、急遽予定が入っちゃったので日曜日に変更してもらってもいい？」「元気なんだけど、若干頭痛いから、映画じゃなくて夜ご飯に変更してもらいたいです。ごめんね」

正式なお付き合い前のスキンシップがあった場合：「きちんとお付き合いしてからこういうことはしたいです」

悪気なく嫌な発言や毎回の遅刻があった場合：「冗談でもバカとか言われるのは嫌だからやめてほしい〜」「次からでいいので、遅れるときは事前に連絡ほしいです」

メッセージでの告白があった場合：「ありがとう！嬉しいけど、大事な話だからメッセージじゃなくて、次会ったときに改めて聞かせてほしいな」

この4つ以外のこと、例えば、もっと連絡がほしい・私のことが好きならお店の予約をしてほしい・ご馳走してほしい・おしゃれしてきてほしいなどの、交際前の相手への不満・依頼は原則、相手に「〇〇してほしい」と言える関係性ではないという定義になります。相手を変えようとするのではなく、《相手を知る》にフォーカスするようにしてくださいね。

さて、不満や依頼は軽やかに伝える、というのはどういうことかというと、パートナーに対して「もっと○○してほしいのに……」「○○じゃなくて△△の方が嬉しい」「こういうとき○○するのやめてくれないかなぁ」など何かしらのやめてほしいこと、変わってほしいことが出てきた際には、《サクッと軽やかに伝えることを最初のアクションにする》ということです。私も過去そうでしたが、恋愛婚活が上手くいかないときはどうしても、仲良くいるためには、大切にされるためには機嫌良くいなくてはいけない（不満は持ってはいけない）という気持ちが強くなってしまっているため、不満は見ないふりをすることが習慣になっている女性がとても多いです。そのままでいるとどうなってしまうでしょうか？

**例 相手に一方的に期待してしまう**

彼がデート中にスマホをいじる時間が長いのが嫌だなと思うが、仕事も忙しいって言っていたし仕方ないなと自分の中で折り合いをつける。

↓

食事中も見るようになってきた、失礼だなとモヤモヤ……

↓

「仕事忙しいの？」とさりげなく振ってみると「ん？最近はそうでもないよ？」との

返事。どういうこと?!もう私に興味なくなったのかな?一緒にいて楽しくないのかな
……
↓
楽しみにしていたデートの日。彼から寝坊したと連絡が入る。私も今週仕事で疲れていたけど、頑張って早く起きたのに!!!と電話で大ケンカ

例

**大きな結論とくっつけてしまう**

彼がデート中にスマホをいじる時間が長いのが嫌だなと思うが、仕事も忙しいって言っていたし仕方ないなと自分の中で折り合いをつける。
↓
食事中も見るようになってきた、失礼だなとモヤモヤ……
↓
「仕事忙しいの?」とさりげなく振ってみると「ん?最近はそうでもないよ?」との返事。どういうこと?!もう私に興味なくなったのかな?一緒にいて楽しくないのかな……私は結婚も考えて付き合っているのに、こんなことでやっていけるのかな?本当に私のこと大切に思ってくれているのかな?

←やっぱり思っていることははっきり聞かないと。話し合いって大切だよね。「私と一緒にいて楽しい？私は○○くんと結婚も考えて付き合っているのに、一緒にいるときにスマホばかり触られていると不安になるよ。私のこと本当に大切ならそんなことしないと思うんだけど……」

どちらも極端な例ですが、小さな不満や依頼はそのままにしておくと、相手への期待だけが膨らみ、最初は小さなことだったはずが、自分の考えも、状態もどんどん悪い方へ膨らみます。また例2のように、大きな結論とくっつけて、話を大袈裟にしてしまうということも起こりやすくなります。余計なトラブルやモヤモヤを増やしてしまうのはお互いにとって良いことはありません。相手に対して、不満や疑問が湧いたときは《まずは軽やかに伝える》をするようにしましょう。

先ほどの例だと、デート中にスマホをいじる時間が長くなってきたなと感じたタイミングもしくは、仕事忙しいの？と聞いてそうでもないよ？と言われたときにサクッと軽やかに気持ちを伝えます。

例）「え？ そうでもないんだ（笑）じゃあ一緒にいるんだしずっと見るのはやめてほしいよ～」or「じゃああまりいい気しないし寂しいから、控えてもらっていいかな？」

普段のテンションでサクッと＋短く伝えることで相手にも軽やかに届きますし、自分自身も溜め込まずに済みます。これで解決すればここで完了です。

軽やかにという感覚は人によって違うと思うのですが、3段階程度に分けるとわかりやすいかと思います。

仮に、先ほどの例のようにつとめて明るく伝えるのが《軽やかに》だとすると、その次は普段の明るく落ち着いたテンション「仕事が忙しいのはわかっているんだけど、一緒にいるときにスマホを見る時間はさすがにもう少し減らしてほしいです」と笑顔で伝えるのが次の伝え方のイメージです。

1まず軽やかに伝える（普段のテンションで明るめに）
2もう少ししっかりと伝える（落ち着いた明るさで）
3交渉する（事前に気持ちの整理をして、話し合う）

というように、伝え方に段階を持たせて真剣度を上げていく視点を持つことで、溜め込んで爆発するというパターンを手放すきっかけにもなり、無駄なケンカを減らすことにも繋がります。

段階を踏んでみて、それでもどうしても解決しない場合は35ページの気持ちの整理に進み付録を参考に交渉してみましょう。

## パートナーシップコミュニケーションの6項目

相手との絆を作るパートナーシップコミュニケーションは、6つの項目に分類されます。

1作りたい関係の提示：《私はあなたとこれからこのような関係を作っていきたいと思っています》と相手に提示すること。そうすることで関係のリセットが図れます。交際前であれば自己開示セリフがそれにあたります。交際中の場合は、289ページの最新情報の確認を参考にしてください。

2喜び・幸せ：喜びや嬉しさ、感謝の表現力

3オンラインコミュニケーション：LINE、電話、ビデオ通話のコミュニケーション

4軽やかお願い：相手に対しての要望や希望を溜め込まずに伝える、違いを確認する

5日常の想い共有：日々の生活の中で自分自身が感じたことを共有する

6対話（3種類）：①傾聴…ただ話を聞いてもらいたい　②話し合い相談…お互いの考えを

共有し、受け止め合ったり、何かを決める、変更すること　③話し合い交渉…相手に何かをやめてもらいたい、やってもらいたいこの5つでバランス良くコミュニケーションを取ることで相手との絆が深まるものになります。

## 相手に何か改善、行動して欲しいときに　話し合い（交渉）テンプレート

### ①静止・所要時間

例）「相談したいことがあるから、この後〇分だけ時間もらっていい？」

### ②裏側の怖い気持ち（あれば）＋ポジティブな動機＋話す内容

例）「嫌われるんじゃないかなって怖い気持ちもあるけど、私はこれからも〇〇くんとずっと仲良くしたいから△△について相談したくて」

**A　100％の要望**

例）△△についてなんだけど、私は、〇〇っていう気持ちがあって。だからもし～できるなら□□してほしいんだけどどうかな？

**B　（断られたら）受け止め＋50％の要望**

例）そっか。じゃあ～だったらどう？

**C　（断られたら）30％の要望**

例）そっか。なるほど。それだったら～はどうかなって思うんだけど～はどう思う？

**D　全て断られたら（0％）**

例）気持ちはわかった。じゃあひとまず、私も〇〇するようにするね！

**※どのステップでも混乱のときは持ち帰る**

例）そっか……。わかった。今言ってくれたことも含めてもう一度私もどうしたいか考えるね。

### ③（A～D、混乱のどの場合でも最後は必須）お礼

例）「話せてよかった。話を聞いてくれて（思っていること言ってくれて）ありがとう」

**了承してくれた場合は上記お礼に喜びをプラス**

例）「嬉しい！ではそれでお願いします。話せてよかった。話を聞いてくれて（思っていることを言ってくれて）ありがとう。〇〇くんも何かあったらまた相談してね」

①ポイント：交渉の場合でも、相手には相談という。時間を区切ると話しやすい。

②ポイント：裏側の気持ちは、あればでOK。交渉の場合は複数ある場合も1階の話し合いでは1つにすると相手の負担が少ない。

**A～Dポイント**

相手に尋ねた後は最後まで聞く
回答の意味がよくわからないなど、疑問点が生まれたら確認する

どのタイミングでも混乱したとき、感情的になりそうなときは一度持ち帰る

## 2人で何か一緒に決めたいときに　話し合い（相談）テンプレート

### ①静止・所要時間

例）「相談したいことがあるから、この後○分だけ時間もらっていい？」

### ②相談内容

例）「△△についてどうするのが一番いいか、意見出し合って一緒に考えたいって思っていて」

### ③自分の考え＋投げかけ

例1：相手の希望を聞きたい
「△△について自分なりに色々考えてみて、私は□□っていう理由から△△は■■にするのがいいのかなって思うのだけど……。○○くんは、現段階で△△について、何か希望とかある？」

例2：選択肢がある場合
「△△について自分なりに色々考えてみたんだけど全然気持ち決まらなくて。AとBだったらどっちがいいと思う？」

### 自分なりに提案できるアイデアが準備できているなら

例）「それでさ、ちょっと調べてみたんだけど～なやり方もあるみたいで。どうかなあ」

### わからない、特にない（相手にも考えてほしい）

例）「そっか。じゃあ○○くんの方でも一回考えてみてほしい。○日に私からもう一回聞くからそのとき何かあれば教えて」

①ポイント：できるときには時間を区切る

②ポイント：自分の意見を先に言うと相手も答えやすい
初めて話すときは
例）「△△についてどうするのが一番いいか、意見出し合って一緒に考えたいって思っていて。初めてだし私が考えたことから話すね」など一言プラスすると今後がスムーズになることも◎

# 話し合いができる2人になっていこう

お付き合いしてから迷うのが、話し合いたいことが出てきたときにどういうふうに話していけばいいのか？という部分ですよね。

結婚や将来の話で大きいのは、話し合い＝感情的に責められるという思い込みからくる苦手意識にあると感じます。


結婚や将来についての話し合いについては283ページからも詳しくお伝えしますが、基本の考え方は内容に関わらず共通しています。旅行、家族への挨拶、転職、引っ越し、同棲、誕生日などのイベント関連など内容は多岐にわたるかと思います。

ここでは、お付き合いしているパートナーと何か特定の事柄について話し合うときに押さえておいていただきたい心構えをお伝えしていきますね！

## 話し合いは受け止め合い。分割して考えよう

話し合いとは、お互いの意見・気持ちを交換し、擦り合わせていくことで、2人にとってのベストを見つけていくことです。

意見や思っていることの違いがはっきり出てきた場合、いきなり擦り合わせようとしてもどうしても難しい場合もありますがそんなときは、《話し合いは受け止め合い》と考えてみましょう。最終的には何らかの形で落ち着くことがほとんどです。意見が違う状態から、決定するという最終ゴールまで一気に向かおうとしないことが最も重要です。

話し合いのパターンは大きく分けて相談と交渉に分類でき、それぞれ目的が異なります。
相談の目的：2人で何かを決めたい、一緒に考えたい
交渉の目的：相手に何かをやめてもらいたい、やってもらいたい

話し合い全体では
①お互いの意見や現状の気持ちを知り、受け止める（初めて話す内容で、相手が驚いている様子orあなたが驚いて混乱しているのであれば、ここで一回終了）

②アイデアを出し合うｏｒ提案する
③検討する
④決定する
４つのフェーズがあります。

内容にもよりますが、話が進むうちに別の問題が出てきて、追加で考えなくてはいけなくなったり、話しているうちどちらかの意見が変わったりすることもあります。大切な内容だとついムキになって相手を否定し、言い負かそうとしたり、なんとかしてわかってもらおうと必死で説得したりしてしまいがちですが、それは余分なケンカを生んでしまうだけ。

まずは①のお互いの意見の違いを受け止めるだけで終わっても充分です。
仮にわからない、考えたくないと言われた場合も、それが今の相手の状況であり、考えということです。一旦はその事実を受け止めた上で「さて、どうしようか？」と考えていくことが大切です。いつも平行線でケンカになってしまう方、同じ意見・考えではないとわかったときに感情的になってしまうなと感じる方は特に、一度の話し合いで結論を出そうとせず分割して捉える視点を持つようにしましょう。

話し合いの質は一度文字に起こす習慣で変わる

パートナーとの話し合いに慣れていなかったり、自分の気持ちを言葉にしたりするのが苦手な方ほど、感情や勢いに任せて話そうとされる方が多いです。苦手だからこそ、相手に期待してしまい、じっくり向き合うのを避けてしまうというのもあるかもしれませんね。

でも、苦手だからこそ事前の準備が大切です。

事前の準備とは、一度文字に起こすこと。

いきなり話す前に、何を何のために話すのか?という目的、自分の気持ち、相手に尋ねたいことなどを、実際に話す前に、全体を文字に起こして一度整理することで

● 感情的になってしまうことを抑えられ、落ち着いて話せる
● 話がズレてくることがなくなる
● 変に長引かない
● 目的や尋ねたいことを明確にできるので、男性に伝わりやすい

●予想外の展開になったときに冷静に対処できるとメリットしかありません。

逆に勢いで話すと
●考えながら話すので伝わりにくい
●目的が見えにくくなることが多く、責められているように感じる、結局何が言いたいのかわからないなど認識のズレが起こりやすい
●予想外の展開になったときに、話し合いではなくケンカになりやすいと、あまり良くない展開になる可能性が高まるのみで、メリットはありません。

私自身も、何か話し合うときは、必ずいきなり話そうとせずに文字にして整理してから話すようにしています。

## 話し合い台本の作り方

実際に話す際に準備することは
①話したい内容

②話す目的（相談ｏｒ交渉）
③その事柄に対しての自分の意見や希望（＋提案できるアイデアがある場合はアイデアも）
④相手に何か質問したりする場合は、相手からの回答予想＋返答
⑤お礼

の5つになります。

これらを準備するためのベースになるのは【あなた自身の気持ち】です。

何を話せば正解なのか」と考えてしまいがちですが、話し合いにおいても、真っ先に考えるべきは「あなたが何を話し合いたくて、どう思っていて、その気持ちをどう伝えるか？」です。話す内容も、伝え方も、あなたの気持ちを伝えるための手段であり、目的ではないことを見失わないようにしましょう。

内容に関わらず、慣れてくると台本を作らなくても、思いを手順通りに整理するだけで、必要なときに話し合いを持ちかけることができるようになります。

**台本作成のための気持ちの整理手順**

①話し合いたい事柄に対して思っていることをブレインダンプする：まずはその事柄に対

してのありのままの気持ちを書き出しましょう
②出てきた気持ちから、何を主軸とするかを決める：複数の内容が出てきた場合は２つまでに絞り、目的（傾聴ｏｒ相談ｏｒ交渉）は１つに絞る
③自分の意見や希望を明確にする：出てきた気持ちから自分の意見や希望をシンプルにまとめる
④提案できるアイデアを考える：問題に対して相手に提案できることを考えてみましょう
⑤返答予測＋返答：相手が言いそうなことを想像し、それに対してのスタンスを暫定的に考えておきましょう

整理する際はパートナーノートに手書きで書いても、スマートフォンやパソコンなどを使ってもどちらでも構いません。おすすめはまずにノートでブレインダンプを行い（120ページ）クールダウンさせてから、スマートフォンなどのメモで②を整理する、という方法です。デジタルの方が、順番の入れ替えや、書き換えが楽にできます。

特に重要なポイントは、⑤の返答予測＋返答です。相手が言いそうなことをざっくりと予想しておいて、「もしこう言われたらこうする・こう伝える」というところまである程度

決めておくことで、たとえ望まない返答が来たとしても、落ち着いて対応ができます。ここでも話の途中で、あなたの気持ちが混乱してきた場合は、無理に結論まで持っていこうとせずに、一度持ち帰る選択肢を。（223ページ）

話がまとまってもまとまらなくても、最後はお礼で終わるようにすると、話し合いへの抵抗も軽くなっていきます。

**【一度文字に起こす】** この習慣をつけるだけで、驚くほど変わります。自分の気持ちを言葉にするのが苦手な方にこそ、その一手間を惜しまないでいただきたいです。

## 「様子を見る・待つ」のではなく次に話すタイミングを決めておこう

一度で結論を出さなくていい（出さない方がいい）のケースはこのようなものがあるかと思います。

ケース１：相手が自分の考えが固まっていない雰囲気で混乱している様子
ケース２：考えさせてほしいと言われる
ケース３：意見や希望を言い合うことはできたが、平行線で擦り合わせられない（提案で

きるアイデアや譲れる範囲があなた側にすぐには思いつかない）
ケース4：予想外の意見や、全く聞いていなかった話をいきなり言われてあなたが混乱している
ケース5：どちらかが感情的になってしまい、話し合いどころではなくなった
これらの場合おすすめしないのが【次に話してくれるまで、相手の様子を見る・待つ】という行動です。

言いにくいと思っている話題であればあるほど、途中で終わった場合またこちらから切り出すハードルは高いですよね。だからこそ、一度話したからには、最後まで決めないと！と思ってしまうというのもありますが……「決まったら言ってね」「また考えて連絡して」等相手に投げて、出方を待つ流れにしがちではあるのですが……、目の前のことしか考えないという脳の性質もあって、悪気なく忘れているというか、何も言われないままになることも珍しくありません。腹が立つ気持ちもわかりますが、そこで怒っていても、ますます話し合いへの苦手意識が高まるだけ。様子を見たり、待っていたりする間にイライラや不安はつのります。

回避するには、必ず次に話すタイミングを予告しておくことです。

例）「いきなりだったし、少し考えてみて。また再来週にでも話そう。その時点で考えまとまってなかったらまたそこで相談できれば」「お互い感情的になってるかなって思うから、1回クールダウンさせたい。来月まで忙しいみたいだし、○月の上旬くらいに改めたいんだけれどどいい？」

1人で反応を伺うのは、自己完結の元。サクッと卒業しちゃいましょう。

## 例えや選択肢を提示しよう

実際に話をしていく中で、相手の気持ちや考えを聞きたいときに「どう思う？」「○○くんはどうしたい？」というようなオープンクエスチョンのみだと、上手く話が続かないときがあります。

そんなときはオープンクエスチョンに例えや選択肢を添えることでスムーズになることも。

例）平日に会う頻度について話し合っている

×「（私は、こうしたいのだけど）＋平日どれくらい会いたい？」

◎「（私は、こうしたいのだけど）＋何曜日と何曜日は基本会うことにしようみたいに、固定の方がいいか、それとも逆にそのときの気分でお互い自由に連絡して会うのか、どっちの方がスケジュール立てやすい？」

例）クリスマスプレゼントをどのようにしたいか気持ちを聞きたい

×「クリスマスプレゼントどうする？」

◎「クリスマスなんだけどさ、プレゼントって例えば、お互いサプライズにするとか、一緒に買いに行くとか色々あると思うんだけど、どうしよっか。何か希望ある？」

「例えば」「○○とか▽▽とか」を活用することで相手はどのように答えていいのかわかりやすくなります。

オープンクエスチョンで聞くことは、あえて答えを限定させずに、ありのままの気持ちや様子を確認したいときには役立ちます。オープンクエスチョンで聞いてみて、彼が悩んでいるようであれば例えや選択肢を追加してあげるというのも◎。彼のタイプや話の内容によって使い分けてみましょう。

# Part 4

# 最愛のパートナーと家族になっていこう

# プロポーズ心理学

## 彼に決断してもらう＝プロポーズではない

ここからは、プロポーズや結婚という進展に向けての、考え方や話の進め方についてお伝えしていきます。

多くの女性は《彼にこの子だ！と決断してもらうこと》がプロポーズされるために必要なことだと考えていらっしゃると思います。無理もありません。

映画やドラマを観れば、弱っているときに力になってくれた、一時的に離れたことで大切さに気付く、他の男性が登場し取られたくないと思う……そんなふうに何かしらのきっかけとなる出来事により、男性側の気持ちが変わります。

だからこそ相手の気持ちをこう考えます。（図1）

シンプルに言うと「本気で好きになってもらおう！そうすれば覚悟を決めて決断（プロポーズ）してくれるはず！」と考えるということです。

なのでこのように頑張ります。（図2）

（図1）女性側のプロポーズまでの彼の気持ちイメージ

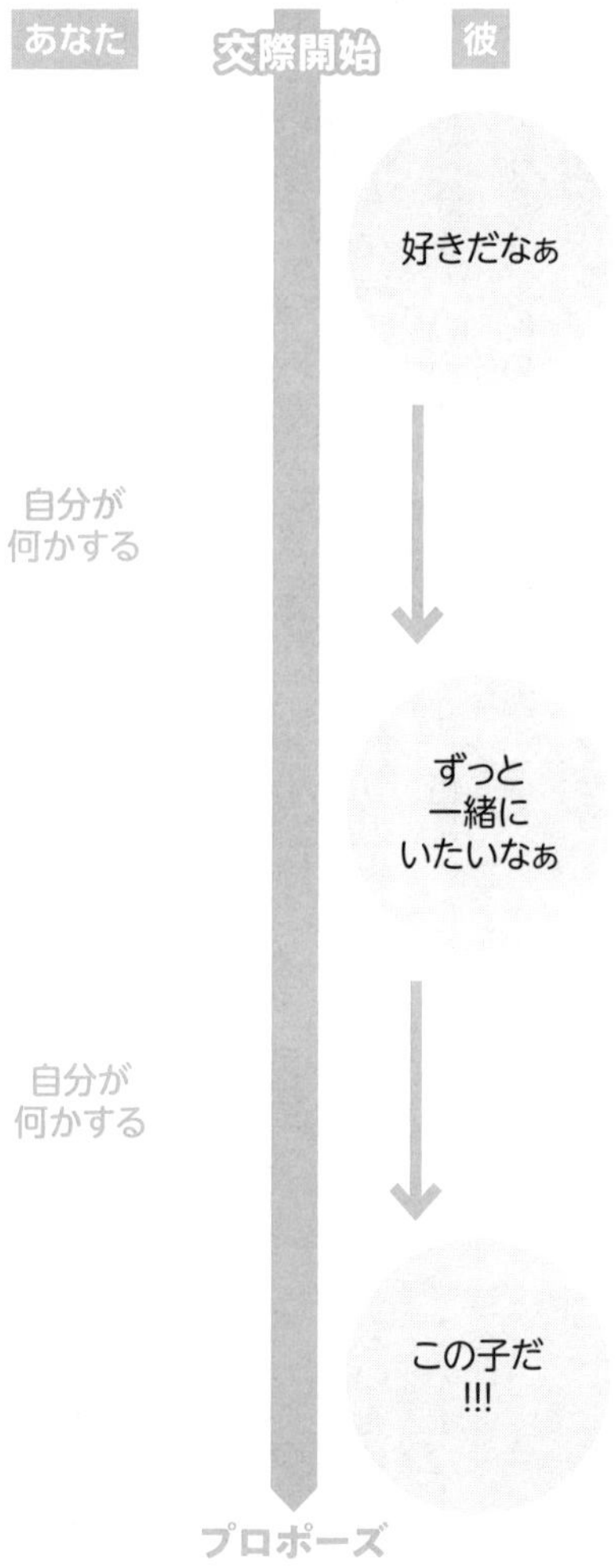
あなた
交際開始
彼
好きだなぁ
自分が何かする
ずっと一緒にいたいなぁ
自分が何かする
この子だ!!!
プロポーズ

（図2）だからこうする・こう考える

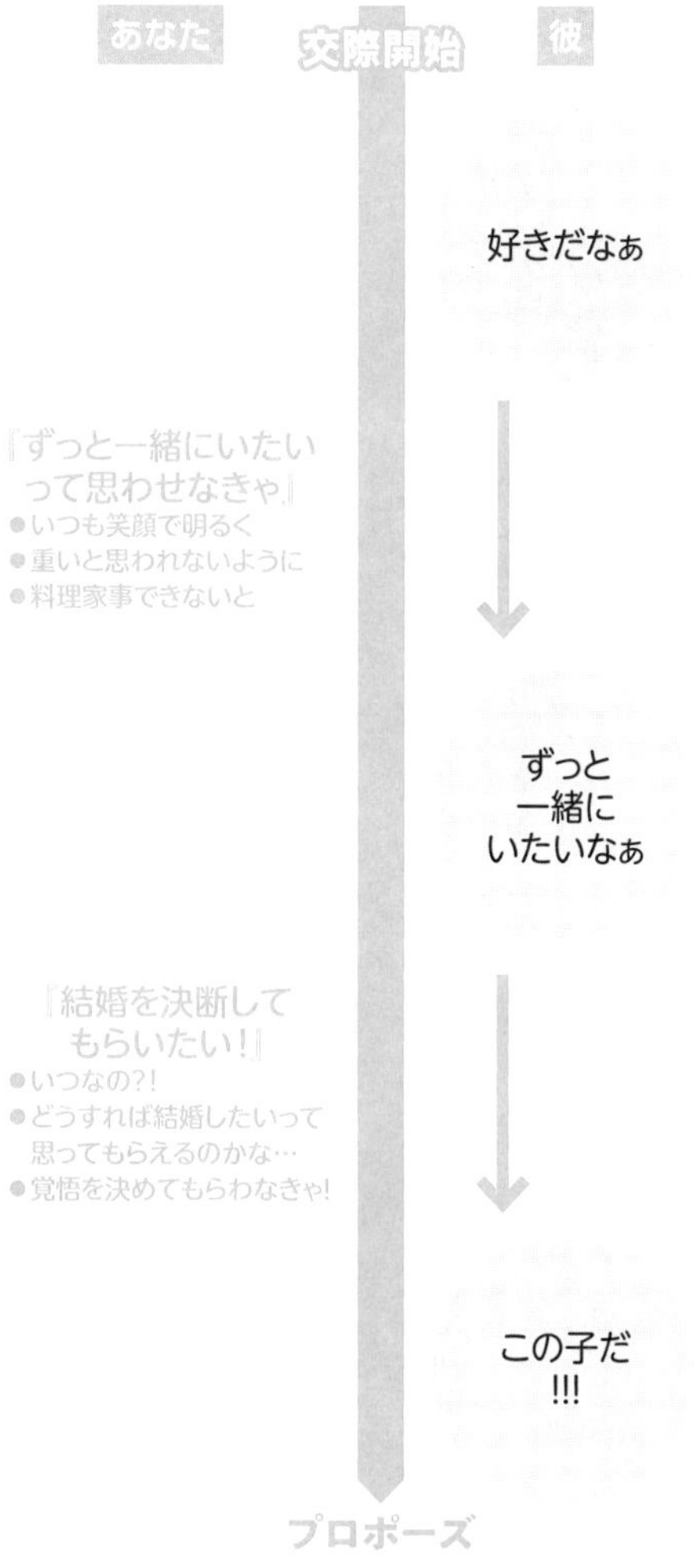
あなた
交際開始
彼
好きだなぁ
『ずっと一緒にいたいって思わせなきゃ』
●いつも笑顔で明るく
●重いと思われないように
●料理家事できないと
ずっと一緒にいたいなぁ
『結婚を決断してもらいたい！』
●いつなの?!
●どうすれば結婚したいって思ってもらえるのかな…
●覚悟を決めてもらわなきゃ!
この子だ!!!
プロポーズ

一見何の問題もないように見えますよね？好きの先に一生の約束がある、恋の先に愛がある、であれば好きという状態から、ずっと一緒にいたいと思ってもらい、この子だ！と覚悟を思ってもらう。何の矛盾もありません。

ですが、結婚を真剣に考えている男性でもなかなか具体的なアクションは起こしてくれません。何の矛盾もないのであれば、どうしてそのようなことが起こるのでしょうか？

それは、この一連の気持ちの流れのイメージが、男性が感じているであろうことと大きくズレているからなのです。

## 結婚は彼に〝してもらう〟ものではない

結婚したいと思うと、「彼にプロポーズしてもらえるように頑張ろう」と思いますよね。私も、ずっとそうでした。それは、先ほどお伝えした【好き↓ずっと一緒にいたい↓この子だ】と、私に本気になってもらわないといけないと思っていたから＋結婚は、相手からプロポーズしてもらって、初めて話が動いていくものだと当たり前のように思っていたからです。だからさりげなく結婚の話を振ることや、料理ができることをアピールするなど、居心地のいい彼女として振る舞うようにしていました。

今私があなたに伝えたいのは、結婚（プロポーズ）は彼に〝してもらう〟ものではないということです。

彼に〝してもらうもの〟だと思っていると、彼の顔色を伺ってしまいます。これまでは、嫌われないように……だったものが、合格（プロポーズの言葉）をもらいたくて頑張ってしいます。そこで頑張ってしまうと、嘘のように進展しません。

結婚はこれまでは彼氏・彼女だった2人がチームとして生活していくためのものです。野球やサッカーなどのチームスポーツをイメージしていただくと良いかと思います。チームのメンバーは対等ですよね？メンバーの誰かを頼りにすることはあっても「この人に勝たせてもらおう」という意識ではチームとして機能しません。結婚へ向かっていく過程も、その後も、チーム内の課題として考える。

この姿勢を忘れないようにすると、向かっていく途中で起きてくる都度の話し合いや、お互いの葛藤、予期せぬトラブルや予定変更による停滞などが発生したときも、相手にだけ過剰に期待することなく、その時々の状況に対して「では、今の自分にできることは何か？」と考えることができます。

途中でお互いの親族などが一時的に関わってくることがあっても、チームメンバーは、彼とあなたの2人です。

「いつプロポーズしてくれるんだろう……」と不安になることもあると思います。重要なのは、不安になったときに、〝してもらう〟ために頑張ってしまいお世話をしていないか？ 行動が怒らせないように、機嫌を損ねないようにとなっていないか？という部分です。

そうなっているかも？と気が付いたら、自分デートの時間を増やす、Wishリスト＋ワンアクションを実行してあげる、価値観ワークをやり直す、などを行い、自分とのコミュニケーションを増やすようにしましょう。

## 結婚へと進展する信頼関係は日常がベース

実際に、結婚や将来について話し合っていくと、その中で色々なことを2人で決めていく必要があります。意見や時間の感覚の違いも出てきます。話していく中で、これまで知らなかった新事実が出てくることもありますし、お互いの気持ちが変わっていくこともあると思います。

また、彼とあなただけではなく、お相手のご家族とのコミュニケーションも必要になってきます。好きという気持ちだけでは進めていけない部分もあります。

少し大袈裟に言うと、《人生をより良くするためのプロジェクト》が結婚です。してもしなくてもいい時代だからこそ、するならより良くなるものでないと意味がないと私は思っています。お互いにとって、人生のプラスになるきっかけにできたら素敵ですよね。

そんな、お付き合いの《その先》になったときに、2人を支えてくれるのは、いつでも普段の日常のデートです。

普段の日常のデートとは、特にこちらからは結婚・将来に関連する話題も何も出さないただの平和なカップルのような時間です。

この後、具体的な話し合いの手順に入っていきますが、一度始めると、日常の時間ではなく、結婚について話し合う時間のみに意識がいってしまいがちです。ですがその先に行きたいのであれば、大事なのは普段の日常であり、コミュニケーションです。一緒にいて楽しいなと感じる普段の気持ちと笑顔がその先へと進む後押しになっています。

## 結婚したい側と相手の気持ちの動き

相手は実はハンバーグが食べたいと思っているのに、きっと中華が食べたいはずだ！と張り切って中華のフルコースを作っても、喜んではくれたとしても、残念ながらハンバーグが食べたいという気持ちは満たせないのと同じように、プロポーズされることを一旦のゴールとした場合、この子だと思ってもらうべく努力をしても、そもそも【好き→ずっと一緒にいたい↓この子だ】という前提そのものが実際と違うとしたら、その努力は残念ながら的外れなものとなってしまいます。

彼の気持ちの移り変わりが【好き↓ずっと一緒にいたい↓この子だ】ではないとしたら実際の気持ちはどのようになっているのでしょうか？

ぜひこのようになっていると前提を変えてイメージしていただきたいです。(図3)

（図3）男性の思考
※すぐにでも結婚したい男性は除く

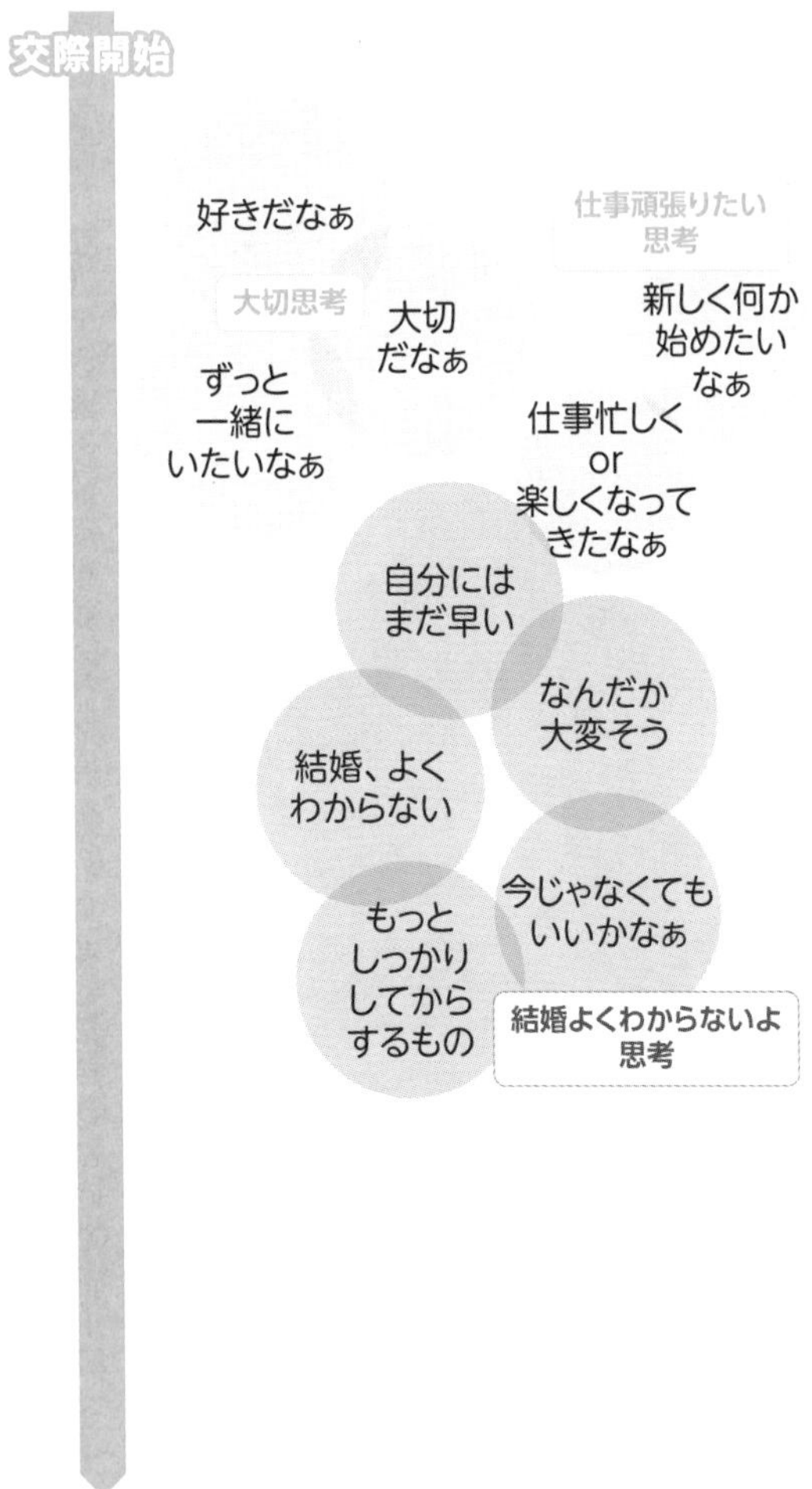
交際開始
好きだなぁ
大切思考
大切だなぁ
ずっと一緒にいたいなぁ
仕事頑張りたい思考
新しく何か始めたいなぁ
仕事忙しく or 楽しくなってきたなぁ
自分にはまだ早い
なんだか大変そう
結婚、よくわからない
今じゃなくてもいいかなぁ
もっとしっかりしてからするもの
結婚よくわからないよ思考

269ページの（図1）と比べてみてください。ここに、（図2）を当てはめてみると……（図4）

（図4）

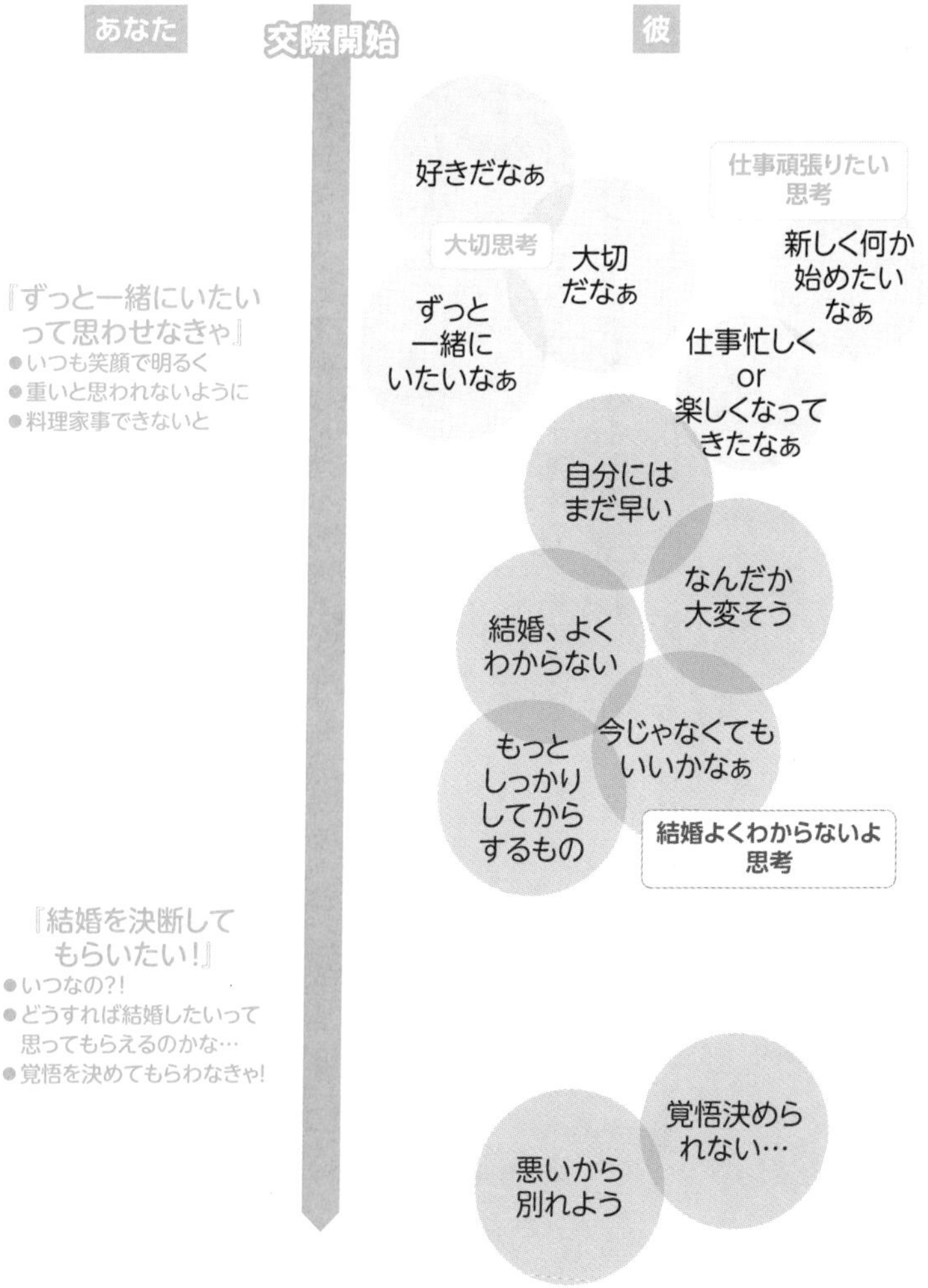
あなた
交際開始
彼
好きだなぁ
仕事頑張りたい
思考
大切思考
大切
だなぁ
新しく何か
始めたい
なぁ
『ずっと一緒にいたい
って思わせなきゃ』
●いつも笑顔で明るく
●重いと思われないように
●料理家事できないと
ずっと
一緒に
いたいなぁ
仕事忙しく
or
楽しくなって
きたなぁ
自分には
まだ早い
なんだか
大変そう
結婚、よく
わからない
今じゃなくても
いいかなぁ
もっと
しっかり
してから
するもの
結婚よくわからないよ
思考
『結婚を決断して
もらいたい！』
●いつなの?!
●どうすれば結婚したいって
思ってもらえるのかな…
●覚悟を決めてもらわなきゃ!
覚悟決めら
れない…
悪いから
別れよう

●彼から結婚の覚悟を決められない、今は結婚できないと言われる
●具体的な行動に起こしてくれない

このような展開（感情）になることが納得できてしまいませんか？
彼なりに大切にしてくれているけれど、プロポーズというアクションを起こしてくれないのは、あなたの努力が足りないわけでも、本気度が足りていないわけでもありません。2人のそもそもの前提がズレてしまっているだけ。

HCAでは、直接そのズレを修正していくため、絆デートからのスムーズなプロポーズはもちろん

●結婚前提でお付き合いしたのに、進展しない……
●長く付き合っていても結婚となると先延ばしにされてしまう

そんな状況で行き詰まっている方も、続々と彼の方からプロポーズされています。

## 彼の3つの思考

記念日などプロポーズが来そうなタイミングのたびに友人に相談し「そろそろだと思うよ～」と優しいフォローに励まされながら、勝手に期待し、がっかりする↓一向にそんな

気配が見えないことにしびれを切らして「私と結婚する気あるの？」と聞いて撃沈する。

「仕事が落ち着いてからじゃないと考えられない」「自信がない、貯金（お金）がない」

「したくないわけじゃないしいつかはと思っているけど……（黙り込む）」「○月まで待って（その後、何のアクションもなし）」「考えたことなかった」これはどれも過去の私の体験談ですが、このお仕事を始めて、同じようなことを言われている方の多さに驚きました。

「考えたことなかった」はあくまで（これまでは）考えたことがなかった、というそのままの意味なので、これから一緒に考えていける可能性は充分にあります。安心してくださいね。


個人差はありますが、男性が結婚に対して感じている思考は大きく分けて①不安思考②大切思考③仕事思考の3つに分類できます。

ポイントは

●《3つが、同時並行で混在している》ということ
結婚したことの定義を、仮に入籍（届出を出すこと）とすると
●《3つが入籍後、2人の日常が落ち着くまで続く》
ということです。

【好き→ずっと一緒にいたい→この子だ】からプロポーズという前提だとプロポーズの段階ではすでに覚悟が決まっている＝結婚にまつわる不安や葛藤を乗り越え終わっているということになりますが、そうではないのです。

あなたのパートナーは、3つのうちどの思考が強そうでしょうか？

想像しながら読み進めてみてください。

**①不安思考：**漠然とした不安がいつもある

多くの男性にとって結婚とは、私たち女性の考えている10倍は覚悟が必要なものです。正確には、《覚悟が必要だと思い込んでいる》もの。

何かあったときに養っていけるのか？精神的に支えていけるのか？

自分の時間が持てない？自由にお金を使えない？

今の関係が変わってしまう？

不安は、よくわからないものに対して湧く感情です。そこから「よくわからないな」「大変そうだな」「まだ早い。もっとしっかりしてからするものだ」「今ではないな」という思考となります。

不安思考が強くなっているときの彼には「自分にもできそうかも?」と思ってもらうことが重要です。

キーワード(お得・楽・共感)

●わかるよ〜不安だよね

●こうすれば簡単だよ

●2人ならこんなこともできるよね♪

●私もこうできるから、心配しなくていいよ

●ついでにこういうこともできるからちょうどいいよね〜

こちらから何が不安なの?と聞いても答えてくれないことも多いため、ポイントは相手が何か不安を現してきたら、軽い雰囲気で、提案や共感を重ねていくことです。

**②大切思考**:彼はいつも100%

お付き合いしている上では大切にしてくれているなと感じるのに、結婚や将来の話になるとモゴモゴする、優柔不断な態度になる。その場では期待が膨らむような言葉を言ってくれるのに、具体的な行動のタイミングとなると何もしてくれない そんなときはこの大

切思考が優位になっていると考えましょう。

大切思考とは、その名の通り、お付き合いしているあなたのことを大切にしたいという思考のことです。

大切思考は、膨らませていくことです。この思考に対して私たちができることは「この子と一緒なら未来も幸せで楽しいだろうな～」と思ってもらうこと。彼に対して何かをするというよりは、あなた自身がリラックスした状態でいることです。

キーワード（楽しい・可愛い・未来への期待）

- ●大好きだよ
- ●落ち着く～
- ●基本の5つの言葉（139ページ）をたくさん伝える

**③仕事思考：**「今は仕事が忙しい・楽しい」

仕事が楽しくなってきた、もっと頑張りたい、新しい仕事を始めたいなど、文字通り仕事を頑張りたいという思考ですね。限らず、彼のやりたいことなども含まれます。

この思考が強いときの彼に対して私たちができることは、辛いかもしれませんが、希望の時期にはできない可能性は潔く受け入れ、一旦は諦めるくらいのつもりで自分の人生を楽しませる方向にシフトすることです。

● 夢中になれることを見つける

● 自分は自分で勝手に楽しく過ごす

自分も仕事に本気になるのもおすすめです。

3つの思考はランダムに出ますので、それぞれの思考へのアプローチは行いつつ、自分の人生設計とも照らし合わせて進めていきましょう。

## 結婚の話し合いは「ツアーコンダクター7割」「保険セールス3割」

3つの心理を理解し、話し合いのポイントを押さえることで、まるで連休の旅行予定を決めるようなテンションで結婚の話を進めていくことができます。

また、話し合いそのものができるようになるだけではなく彼の方も自発的に動いてくれるようになります。

あなたもこれまで、結婚・将来の具体的な話は「重いと思われるのではないか」と感じてきたと思います。これまで、話題に出したらあからさまに面倒そうにされたこともあったかもしれません。

多くの男性にとって結婚・将来の話題は不安と決断を迫られ、プレッシャーをかけられるものという先入観があります。最初は少し緊張するかもしれませんが、これまでの「重いもの」という先入観は忘れ、他の話題と同じトーンで話せるようになることを目指しましょう。

そのための第一歩は《遠回しに話題に出さない・決断を迫らない》ことです。

3つの思考がぐるぐるしているのに、遠回しに話題に出しても、そこから向こうが自発的にリードしてくれて、思った通りに話が進んでいくことはほぼありません。一度話したことで、一気に何かが進展するというわけではなく、話題に出してから、少しずつ進んでいくイメージを持つことが必要です。

とはいえさりげなく話題に出して様子を見ると、その後、何もしてくれない、思ったような反応が返ってこなかった場合、不満が溜まり、怒りや悲しみが溢れそうなトーンで、結婚・将来について話してしまいがちです。そうやって始めてしまった話し合いは、少しずつ進める、受け止め合う余裕は持てず、多くの場合「私と結婚する気あるの？ないの？」という決断を迫る展開へと進んでしまいます。

そこで彼が結婚しようと言ってくれたとしたら、そのときはそれでもいいかもしれませんが、プロポーズ後、そして結婚後も、2人で話し合うべきことはたくさん出てきます。そのたびに決断を迫らないと、何も決めてくれない、話し合いができない。果たしてその関係は、絆があると言えるでしょうか？

交際前がお付き合いしてからの2人の関係の方向性を決めるように、将来への話し合いは、その先の2人が家族としてさらに色々なことを擦り合わせていけるようになるトレーニング期間でもあります。

《大事なことは、一緒に決めていく》そんな2人になっていきましょう。

内容ではなく、どう話していくか？が重要なのはここでも変わりません。

結婚や将来の話し合いをするときのこちらの基本スタンスは「ツアーコンダクター7割」「保険セールス3割」を意識することを心がけていきましょう。

## ツアーコンダクター要素7割

男性は、《今ここ》の2人の状態が良ければ未来も良いのではないか?と考えてくれます。ツアーコンダクターのように旗を持ち、先頭を軽やかに歩くようなイメージで少しだけ彼をリードするトーンを意識しましょう。「最初からはっきりした答えを言えなくても、責められないぞ?」「あれ?泣かれない?機嫌悪くならない?」こう思わせるだけでも大分変わってきます。明るく=テンション高く振る舞うのではなく「明日の映画楽しみだね〜」程度の、あなたが普段楽しく雑談しているトーンです。

## 保険セールス要素3割

保険ではなくても、お洋服でも、家電でも何でも構わないのですが、話を聞き、提案をくれる人というイメージです。話を進めていく中で彼からは

●不安・迷い

●前向きな言葉、行動

両方が少しずつ出てくるようになります。そこに対し、提案や選択肢を用意し、一緒に考えていく姿勢を取るのがこの要素です。ちなみに前向きな言葉、行動が出てくると嬉しくなって一気に決めてもらおうと進めたくなりますが、普段のお買い物でも買うそぶりを

見せると急に雰囲気が変わり、一気に押してくる店員さんだと、気持ちがしぼんじゃいますよね。変な言い方ですが、結婚もそれと同じです。注意しましょう。

## 「彼への確認」から結婚までの道筋を作っていこう

結婚に向けての本格的な話し合いを始めるタイミングの目安は、擦り合わせ期間（3ヶ月～半年）が終わり、結婚以外の意見の違いに対しての対応や、その他のパートナーシップコミュニケーションがスムーズになっていると感じたタイミングから徐々に始めていきましょう。

目安）

●普段のデートを笑顔で楽しく行えている
●ポジティブ8ネガティブ2のバランスを意識している
●《何かあればその場でまず軽く伝える》ができていると感じる
●意見の違いや要望があったときに、感情的にならずに相談ｏｒ交渉できる

このあたりを目安にしてください。普段のお付き合いが不安定なときに将来の話をしても、心地よい進展は望めません。普段の2人でいるときの会話、雰囲気、そしてあなたの気持ちが安定しているときから始めていくのがベストです。

具体的な時期の目安は、交際前の自己開示に合わせると検討がつきやすいと思います。

●1年で結婚を考えられるようなお付き合いがしたいと伝えている場合
交際開始から1年より少し前の8～10ヶ月程度

●1年で結婚できるようなお付き合いがしたいと伝えている場合
交際開始から6ヶ月程度

**結婚までの道筋の作り方**

①彼の現段階での、結婚への【最新情報】を確認する
②彼の言葉受け止め、自分の軸と相談するｏｒボールを返す（提案・質問など）
③彼側から具体的な進展アクションやサインに明るく便乗していく

最新情報の確認をきっかけに、自分の軸と適宜相談しながら、提案や質問のボールを返し、またそれを受け止め……というように①～③を繰り返しながら、話題に出す回数を増やし結婚への《話し合い》を普段の会話の中に溶け込ませていくイメージです。

## ①最新情報の確認

例を参考に、現段階での彼の結婚への最新の温度感を確認しましょう。目的は、相手の気持ちを知ること＋ここから、将来の話をしていきますよという予告のようなものだと捉えてください。

例）「あのさ、相談なのだけど。そろそろ、付き合って○ヶ月じゃない？お付き合い始めるときにも話したと思うんだけど、私は1年くらいで結婚できるような関係を作っていきたいなと思って○○くんとお付き合いしたんだよね。この○ヶ月あっという間ですごく楽しかった。大事にしてくれていつもありがとう。それでね、だからといってすぐ結婚したい！どうする気なのって言う気はなくって。そろそろ○ヶ月だし、結婚とか将来のことも含めて話し合っていける関係にもなれたらいいなって思ってるんだけど……○○君の今の気持ちとしてはどうかな？」

あえてオープンクエスチョンでフワッと投げかけることで、相手の不安や今の気持ちの葛藤なども話してもらいやすくなります。

押さえるべき構成を解説します。

構成）あのさ、相談なのだけど。（目的）

そろそろ、付き合って◯ヶ月じゃない？ お付き合い始めるときにも話したと思うんだけど、私は1年くらいで結婚できるような関係を作っていきたいなと思っていて。（思い出してもらうための簡単な説明）

この◯ヶ月あっという間ですごく楽しかった。大事にしてくれていつもありがとう。（お礼）

それでね、だからといってすぐ結婚したい！ どうする気なのって言う気はなくって。（逃げ道）

そろそろ◯ヶ月だし、結婚とか将来のことも含めて話し合っていける関係にもなれたらいいなって思ってるんだけど、どうかな？（自分の希望＋投げかけ）

ポイントは、（お礼）と（逃げ道）です。本題より先に、大切にしてくれてありがとうとお礼を挟むことで、誠実な回答が出やすくなります。また、相手が恐れている【責められる】ことを最初に完結に否定することで、相手が、弱音や言い訳などの中途半端な気持ちを言いやすくなる効果があります。

## 結婚や将来の話題の中でおすすめの逃げ道セリフ

●2人の気持ちありきだとは思うんだけどね、
●あなたのペースもあるだろうけど
●白黒すぐにつけてってことではないんだけど
●大事に考えてくれてるのは伝わるんだけど
●最終的に私と結婚するとかしないとかはさておき

この確認は道筋のスタートです。泣いたりせず、自然なトーンで話す（食事しているとき、2人で雑談しながら楽しく歩いているときなど）を心がけましょう。相手の返答が予想外でも、それを踏まえて今度どう進めていくか？です。今後はこのような感じで関わっていきますのでよろしく願いします、という予告の意味もあります。道筋を作るための最初の一歩だと捉えてくださいね。

### そうだね、いいねなどの場合

例）「嬉しい～ありがとう。ではこれから改めてよろしくお願いします（お礼）
私としては、とりあえずお互い結婚に関して気になっていることとか、心配なことあれば一緒に解決していけたらと思っているんだけど、私は家事の分担どうするかと、時期かなぁ……。○○くんはそのあたりどう？（自分の気がかり＋投げかけ）

時期についてはこちらが思っているよりかなり遅めの時期が出てくることもあるので、それが不安で冷静に持ち帰れない気持ちがある場合などは「家事分担は、こんなふうにしたいな。お互い協力できたらいいよね～。○○くんは、これだけはやってほしいとかある？」など、気軽に話せそうなところを投げかけるだけでもこの時点では充分です。

相手が乗り気で色々聞いてきたり、決めたいという話になれば、それに乗るのは構いませんが、そうでないのであれば、ここで一気に進めようとするのは禁物。

そうだね、いいねといったあっさりした共感の返答の場合でも、最新情報の確認＋聞きやすいこと1つで終わらせましょう。

**わからない・考えたことなかったなどの場合**

例）そっかぁ。私もわからないことばかりではある～。（共感）

何話していくか含めて手探りではあるんだけど、最終的に結婚するかしないかはさておき、2人で一緒に将来のことも考えていけるようになりたいなって思ってる。（逃げ道＋気

持ち）

いつするかは別にしても、全く考えてない、ってことではないんだよね？（逃げ道＋投げかけ）

いつ結婚するの？と伝えているわけではなく、話せる関係になりたいと伝えていますので、話したくないと言われることはないと思いますが、もしそういう話はしたくない、興味ないと言われたら、念の為、再度確認してみましょう。責めるのではなく、確認するのがポイントです。

## 話したくないと言われた場合

例）「えっと……ごめんね確認なのだけど、結婚をいつするの？っていう話ではなくて、将来のことも話し合えるようになっていきたいという意味なのだけど……そういうこと話していくのも無理なのかな？」

もしも、話すのも無理だと言われたら、「なるほど。それは何か理由があるの？」と彼の気持ちを聞いてみましょう。何か理由を聞けるかもしれません。

混乱して、答えに詰まったら「わかった。ちょっとびっくりしたけど、私もまた考えて話すね」とそれ以上聞かずに一度持ち帰ること。その後は自分との相談タイムです。

## 自分の軸と相談しよう

相手からの言葉に対して

●混乱して感情的になりそう

●次に何を言いたいのかわからなくなった（どうしようかな?と整理したい）

こんなときは、

**②彼の言葉受け止め、自分の軸と相談すること**

最新情報の確認をしたときもそうですが、この先本格的に話題を増やして、提案したり、質問したりしていく中では、あなたが予想もしていなかった返答が彼から出てくることもあります。

悲しい例ですが、例えば、先ほどお話ししたように、確認時点で話すのも嫌だ、気は進まないなどと言われ、冷静を装って頑張って理由を聞いたら「全くそんな気はないから」

と言われた。

付き合ったときに、1年くらいで結婚したいと伝えていて、彼もそれに同意していたのに、最新情報確認をしたら「うーん……今は結婚とかあんまり考えられないかも」と言われた。

また話題を増やしていく中で

●全く貯金がないことがはっきりと判明した
●借金があることがわかった
●こちらが予想していたよりも、ご家族の問題が深刻そう
●家族への暴言が気になる

など気がかりな一面が見えてきた。

そこまでではなくとも

●思ったより意見がコロコロ変わる一面が見えてきた
●納得できる事情ではあるけれど、プロポーズや入籍などが思ったより先になりそうな状況だった
●同居や転勤、彼のご実家の事業を手伝う必要などが視野に入ってきた

など混乱するような事実が出てきた。

こんなときこそ、1人で自分の軸と相談する視点を持つことです。自分の軸と相談する、とは、自分1人で考えて、別れるか別れないか、結婚するかしないかなど、白黒結論を出しましょうという意味ではなく、わかった事実を元に、自分の中にある「いつまでに結婚したいと思っているのか」「どんな関係を作っていきたいのか」などの軸と、話をした中でわかった事実をつき合わせて、次回の話し合いのために何を提案できるのか？どんな質問をするのか？今の自分にできることはあるのか？を整理する時間を取るということ。

どうしても相容れない事実が明白になったら、お別れするかしないかを決める必要が出てきますが、よくよく話をしていけば、別の方法があるかもしれないのに、1人で自己完結しているケースや、予想外の返答がきた瞬間に、自分の中で「する気ないってことだ！」と1人で答えを出し終わりにしてしまうケースは多いです。

一度持ち帰り、ワンクッション置くことで、相手に相談する、提案する、確認する、もう一歩踏み込んで質問してみるなど、次の手を考えられます。

また、あなた自身の中でも

● 大変そうだし、◯月まではただ仲良く過ごすことだけ考えよう
● 自分の気持ちがわからなくなってきたから、しばらくは考えないで過ごしてみよう
● 年末まで話し合ってみて色々提案しよう。それでも不安が消えなかったら、こうしよう

など、行動のスタンスが決まると、気持ちも落ち着きます。

話を進めたいのであれば、できるだけ泣かない、不機嫌にならないことが大切ではありますが、もし感情的になってしまったときには

例）「ごめんね、びっくりして泣いちゃった。（ｏｒ言葉が上手く出なかった）冷静になりたいから、ここで一回話終わらせたい～また話すね」と相手に謝罪しつつ、切り替えるなどして、できるだけサッパリと短い時間で終わるように、工夫されるのがおすすめです。

生理前などのホルモンバランスが崩れやすい時期、深夜の時間帯、仕事が忙しいなど自分の状態が悪いときには、最新情報の確認含め、結婚の話題はしないようにしましょう。

彼のブロックポイントを解消しよう

②のもう1つのパターンである、ボールを返す（提案・質問など）の具体例と併せて、ブロックポイントの見極めについて解説します。

【最新情報の確認】後は、相手の《ブロックポイント》が出てくるようになることも。3つの思考は、基本的な心理ですが、ブロックポイントは、お相手の事情によって異なるより具体的な事情のこと。

例えば最新情報の確認をした際、このような会話になったとします。

あなた「あのさ、相談なのだけど。そろそろ、付き合って○ヶ月じゃない？お付き合い始めるときにも話したと思うんだけど、私は1年くらいで結婚できるような関係を作っていきたいなと思って○○くんとお付き合いしたんだよね。この○ヶ月あっという間ですごく楽しかった。大事にしてくれていつもありがとう。それでね、だからといってすぐ結婚したい！どうする気なのって言う気はなくって。そろそろ○ヶ月だし、結婚とか将来のことも含めて具体的に相談したり、話し合ったりしていける関係にもなれたらいいなって思ってるんだけど……○○君の気持ちとしてはどうかな？」
彼「そうだね～いいと思う。なんか緊張するし何話していいかわかんないけど（笑）」
あなた「嬉しい～ありがとう。私もわからないし、緊張しなくていいよ。ではこれから改めてよろしくお願いします（*^^*）（お礼）私としては、とりあえずお互い結婚に関して気になっていることとか、心配なことあれば一緒に解決していけたらと思ってるんだけど、私は家事の分担どうするか？と、時期かなぁ……。○○くんはそのあたりどう？（自分の気がかり＋投げかけ）」
彼「時期かぁ……したい気持ちはあるけど、まだ貯金もできてないし、これから頑張らないとって感じかなぁ」
◎あなた「確かにお金、いるよねぇ（共感）でも○○くんだけに出させるわけじゃないし一緒に頑張っていけたらって思ってるよ。私も色々考えてみるね。（一度終わらせて持ち帰る）」

このような会話の場合、彼のブロックポイントは【お金】ですね。◎部分が、ボールを返す（提案・質問）の例になります。

ブロックポイントは主に、
●お金（貯金がない、お給料が少ないなど）
●仕事（転職したい・もう少し安定させたいなど）
●家族（親に紹介のハードルが高い、先に解決しなくてはいけない問題があるなど）
●生活（家事ができない、実家暮らしの安定から抜けられるかの不安など）
と種類があります。
小さなステップできっかけ（話題を膨らます・行動提案）を作っていきます。

**お金**

●一緒に小銭貯金を始める
あなた「結婚とか関係なく、これからも一緒にいたいし、旅行にも行きたいから可愛い貯金箱で一緒に貯金しない？」

●彼が一人暮らしの場合は2人で暮らした場合に、どの部分が、いくら節約になるかを計算し、説明する
あなた「この前さ、一緒に暮らしたらどれくらいお金かかるのかなって調べてみたら、思ってたよりお得なこと多くて、意外と貯金増やせるかもって思った」

お金の場合、もし向こうがはっきりと、貯金がない、お給料が少ないと言ってきた場合でも、「貯金なさそうだから」「お給料少なそうだから」とこちらから言葉にして提案するのはプライドを傷付けてしまうこともあるため注意しましょう。

**仕事**

彼「もうちょっと仕事落ち着いてからじゃないと、先のこと考えられないなって」
彼「転職したいなって思うけど先のこと考えたら迷ってる」など

● 期間を一旦区切りその間にできることを提示する

あなた「いつ落ち着くとかわからない感じなのかなぁ？（確認）でも、どっちにしても私もただ待っているみたいにはなりたくないから、その間、貯金頑張りつつ、仕事の資格でもとるために頑張ろうかなぁ」

● 応援できることを伝える

あなた「色々考えてくれてありがとう。でも例えばこの先結婚したからって、やりたいこと我慢してほしいわけじゃないし、指輪は欲しいけど結婚式とかイベント系は、落ち着いてからでもいいと思っているから、私は応援したいよ〜」

**家族**

彼「親に会わせるとかしたことないからな〜」
彼「母親が結構厳しいから、○○ちゃん泣いちゃうかもだね（笑）」など

●褒めにすり替えつつ、仲良くしたい意思を伝える
あなた「そうなの？誠実なイメージだから意外！いきなり食事とかご挨拶とかじゃなくても仲良くなれたら嬉しいから少しでも話してみたいな。お母さんは何が好きなの？」と聞いておいて、彼と一緒にいるときに、好みに合いそうなものを見つけたら＋「○○くんのお母さんが好きそう」と話題に出すなどもおすすめです。

●どういう部分で厳しいのか？どんな人なのかを聞く
あなた「緊張する（笑）でも○○くんを産んでくれた大事な人だから頑張る！どういう部分で厳しいの？」「＋へー！確かに大事だね。でも、お母さんが厳しいかどうか？よりもそれも含めて○○くんと一緒に協力しながらやっていけるかの方が大事かも◎」

**生活**

彼「実家暮らし長いとできないことも多いからな～」
彼「料理、全然だから練習しないとだよ」など

●できないことを確認し、できることで応援する
あなた「器用なとこあるし、慣れの問題が大きいと思うけど……今のとこ何ができないの？」＋「じゃあそれは、私が担当するよ♪けど、全部ずっとやるのは大変だから、やり方も教えます！慣れたら○○くんの方が上手だと思うよ～」

●一緒に始めてみる
あなた「じゃあ一緒に練習しよう！何か作りたいものある？できる場所探してみる」
彼「え～なんだろう……わかんないかも」
あなた「カレーとかだとつまんないから、応用聞くし煮物とか和でいくか、イベントっぽくしたいなら餃子とかパンとか？」（少し具体的な二択）
彼「そうだな～」
あなた「まぁいきなりだしね。考えておいて～」

（次回のデートなどで、相手から何もなければ）
あなた「そういえば、楽しそうで美味しそうなレシピ色々調べてみたんだ。（写真を見せる）」

注意するのは、提案するチャンスだ！と、前のめりに張り切りすぎないこと。ブロックポイントはそのまま営業マン要素を出していく場面になりますが
●ここぞ！とばかりに色々な提案をまくし立てる
●提案したらそのときにはっきりした答えを出してもらおうとすると男性は、その温度差に「まだそこまでの気持ちではないな……」と不安思考が強くなってしまうことも。

また、結婚願望が強い男性にも共通して言えることなのですが「この子は、自分と結婚したいのではなく、結婚がしたいのだな」ということを敏感に感じ取る方が多いなと感じます。条件面などで合理的に考える割には、繊細というかロマンチストな部分もあるのが、ややこしくも愛しい部分と言えるでしょうか。人によっては正直、面倒と感じるかもしれませんが、それもまたご愛嬌ですね。

判明したブロックポイントは、全て受け入れなければいけない、我慢しなくてはいけないものではありません。話題を増やしながら、提案したり、質問したりしていく中で、あなた自身が「結婚は難しいかも？」と感じることもあると思います。話題にする、しないのもそうですが、結婚するも、しないも、選択権はいつもあなた自身にあります。彼を受け止め、自分の軸と相談することをいつも忘れずに、ここまで付き合ったのだから、などの義務感ではなく、自分の気持ちを大切にしてくださいね。

## こんなときは乗っかっていこう♪

③彼側からの進展サインに明るく便乗していく、について解説します。

①彼の現段階での、結婚への【最新情報】を確認する
②彼の言葉を受け止め、自分の軸と相談するｏｒボールを返す（提案・質問など）を行っていくと、ふとしたときに、彼側から進展サインが出てきます。

進展サインというと「結婚について真剣に考えてみたよ！まずは時期を決めよう！」のようなレベルを想像するかもしれませんが、ほとんどの場合そんなにわかりやすくないの

が正直なところ。いきなり結婚式の話をされるなど、順番もバラバラなこともあります。
実際にコンサルしていても、「この前彼が言っていたこの言葉、進展サインだから、こう乗っかろう！」とお伝えしてもそのときの受講生様は半信半疑……という感じです。（だけど、実際に乗っかると、そこからスルスルとプロポーズ♡）
見逃さないようにするには、やっぱりここでも自分とのコミュニケーションが取れていて、マインドを安定させておくことと、2人の日常の時間、普段のデートを大切にすること。自身が良い状態だからこそ、気付く余裕が生まれ明るく便乗していけます。
彼側から、指輪・式・家電などの生活用品・古い友人や会社・転居などの話題が出たら、それは進展サインです。第一声では明るく乗っかりましょう。

例
進展サイン
「親からそろそろ自立して家を出てと言われたんだよね〜」
◯「わかる！うちもだよ〜。一緒に自立しよ♪（笑）」※あなたも実家の場合
◯「え〜家探し一緒にするの楽しそう！」※あなたは一人暮らしの場合
×「一緒に住む？とかそういうのはないんだね……」

**「もう更新時期だわ。一緒に住める広さあった方がいいかな」**
○「嬉しい～とりあえず色々探してみよ♪これどう～？」
×「それって結婚できるってこと?!はっきり言ってくれないとわかんないよ」
**「婚約指輪って欲しいの？」**
○「できれば欲しいかなぁ。でも見に行ってみないとわからないかも。憧れのブランドはあるけど、もらえたらなんでも嬉しい。一緒に見るだけ見てみたいかも◎」
×「え?!プロポーズしてくれる気になった？絶対○○の指輪でサプライズでもらえないと嫌なんだけど」
**「プロポーズとか恥ずかしいわ（笑）」**
○「お花は夢だから絶対欲しいかな。それだけ頑張ってくれたら嬉しいよ～」
×「え～……してくれないの？」
**「結婚式ってお金かかるんだねぇ。写真でもいい？（笑）」**
○「色々割引もあったりするし、やりようによるみたいだよ？写真も色々見てみよっか」

×「それは、お金をかけるのが嫌だってこと？ いくらだったらいいの？」

**「ついでだから年末にこっちの地元来て軽く挨拶してもいいかもね～」**

◯「嬉しい～。感じのいい子だと思ってもらえたらいいな。予定空けておくね」

×「軽くって？ 結婚考えたいって言ったのに。ちゃんと紹介してくれないなら意味ないよ……」

**「家電壊れたから、どうせ今買うなら今後一緒に使えるものの方がいいかなぁ」**

◯「だよね～。」＋デートのついでに家電量販店に行く

×「そんなことばっかり言うけど、プロポーズとかはしてくれないよね～」

**「来る？」** ※**親しい友人や会社の集まりに呼ばれる**

◯「行く！ 会ってみたいと思ってた～」

×「やっと紹介してくれる気になったんだ（笑）」

順番にこだわりすぎないことと共通しますが、流れを止めてしまうのは本当に！ 勿体無

いです。どれも進展のきっかけになるかもしれないタイミングです。喜んでも、過剰反応はしない、細かい質問をしないことを心がけて、順序を大切にしたいときも含め、細かいところは、乗っかった後で相談しつつ調整していくことがチャンスを逃さないコツです。

## こんなときは停止姿勢で

改めて、まとめです。最新情報の確認をする、それをきっかけに

●彼の言葉（ボール）をキャッチし、迷いや混乱が出てきたとき、感情的になりそうなときは原則一度持ち帰って、自分の軸と相談し次の行動を決める

●彼の言葉（ボール）をキャッチし、明るいトーンで提案がすぐ思いつくとき、重ねて聞きたい確認があるときは、その場でボールを返す

●また彼の言葉（ボール）をキャッチし、繰り返していく

＋彼から進展サインがあれば乗っかる

＋毎回結婚への話題にならないよう、キャッチボールは休み、日常のデートも大切にする

あなたがボールを持っていても、こんなときは自分からはボールを返さない（続きの提案や話題を出さない）方が良いタイミングをお伝えしておきます。

●彼の家族が急病、亡くなった
●彼が転職したてｏｒ会社の体勢が大きく変わり慣れていない
●彼自身が、怪我、病気、事故にあった

このような突発的な変化のときは、彼自身が不安定なので、途中の話題があっても一旦横に置いておき、パートナーとしてできることを聞いたあとは、停止のときです。

あなたが笑顔で隣にいることが一番の支えです。結婚したら、ずっと一緒です。騒がず見守りましょう。

キャッチボールの中で彼から「この前挨拶の話、親に話してみるから来月末まで待って」など具体的な日程の提示があり待ってと言われたら、その期日までは、待ちましょう。

# 結婚した後もずっと幸せでいるために

## 一緒に暮らし始めるときには《暮らしスタート会》を開こう

同棲にも共通しますが、夫婦として一緒に暮らし始める際には《暮らしスタート会》を開くのをおすすめしています。

暮らしスタート会とは、これから共同生活を始めるにあたり、お互いに気をつけたいことや料理お掃除、お金の管理についてさっくりと話し、これから改めてよろしくねと伝える会のことです。すでに2人の中で決まっている事柄があっても、確認の意味も含め話す時間を設けるのが◎。

会は、2回行います。1回目は荷物の搬入がある程度終わったくらいの、本格的に同居がスタートする前に、2回目は、同居がスタートしてから2〜3ヶ月後くらいの少し落ち着いたタイミングで行うとスムーズです。

1回目ではそれぞれの事柄について、さっくりとした擦り合わせを行い、決定していることがある場合は認識違いが起きないように、最後確認するイメージです。

一緒に暮らすことで新しく知ることは多くあります。こまめに話し合う習慣もつけることができるので、1回目の時点で、ガチガチに分担したり、ルールをがっつり定めるのは、相手への期待も大きくなり、揉め事も増えてしまうため、何かを決める必要があるときも、一旦これでやってみよう～くらいのテンションがおすすめです。

参考例を書いておきますね。

例

**1回目　新しいことを始めようとするあたり**

「〇日から一緒に暮らし始めるにあたって、簡単に家事のこととかお金のこととか、改めてさっくり擦り合わせておきたいんだけど、平日の夜ご飯は、一旦は早く帰ってきた方が作るって感じでいいかな？疲れているときは、早めにお願いする感じで」（目的＋自分にとっての重要項目の確認）

「お金の管理については、前話し合った通り、お互いに決まった額を入れてやってみようってことになったから、それでやってみるで大丈夫だよね。あとは何か現段階で決めておきたいこととかある？」（第二項目の確認＋投げかけ）

「やってみないとわからないから一旦はそれでやってみて、３ヶ月後くらいのタイミングでもう一回話そっか」（次回の話し合いを決める）

「私も誰かと一緒に暮らすのって初めてだから色々不安もあるんだけど、お互いに譲り合ったり尊重したりしながら楽しく暮らしていけたらいいなって思っているので、これからよろしくお願いします。」（挨拶）

**例**

**2回目　1回目から2～3ヶ月後あたり**

「３ヶ月経って、お金の管理はこのままで問題なさそうかなって思ったけど、どう？」

「平日の料理については、先月は私が遅くなったり疲れていたりする日が多くて申し訳なかったなって。その分お掃除を頑張ろうと思っています！」

など1回目を踏まえて、こうした方がいいなどがあれば、修正したり、お互いにアイデアを出し合ってみましょう。

また、数ヶ月一緒に暮らしてみて、相手が疲れているときの対応に迷うなどのことがあれば、「この前さ、疲れて帰ってきて、いつもより口数少なかったし、早めに寝室に行ったときがあったよね？これからもそういうタイミングあると思うんだけど、そんなとき、基本はそっとしてた方が嬉しい？」というように確認すると良いと思います。

もちろん1回目から2回目までの間も、普段の生活の中でふと気になること、伝えておきたいこと、変更点などがあった場合、必ず次の会のタイミングを待つ必要はありません。214ページ、309ページのバランスや待ちの姿勢タイミングには気を配りつつ、こまめに共有していくことが円満の秘訣です。

基本の2回が終わった後は、必要に応じたタイミングで随時話していくのもいいですが、私自身は、2回目のときに「月に1回程度、何となく確認しあおうか。何かあったら言ってね」と決まり、夫と月に大体1回程度のペースで「最近、生活の中で何か思うこととかある～？」とゆるく聞き合うようにしています。

また感謝や喜びは普段も都度伝えるようにしていますが、このタイミングで、「今月も優しくしてくれてありがとうね」など感謝も伝えています。

この方法は、同居など一緒に暮らし始めるときはもちろん、子どもを持つタイミングについてなど、《2人で一緒に考えて進めていく》事柄に応用できます。

①最初からがちっと決めようとせずに、大体の大枠を決め、期間を決めてやってみる。
②やってみて、もう一度整える
③その後は思ったときに随時 or 定期的にゆるく共有の機会を設ける

2人で試行錯誤し、工夫していく時間も楽しみながら、ゆっくりと家族になっていきましょう。

## 「自分史上最高に張り切らない」が心地よい結婚生活の秘訣

《物事は最初が肝心》これは結婚生活がスタートした時期にも当てはまります。お互いが心地よい結婚生活を続けていきたいなら、最初が肝心です。
それは、とにかく最初こそ張り切らない、頑張らないこと！

家族としての同居がスタートするとつい、大好きな彼との生活、彼の妻になったんだという喜びから、無意識にいいところを見せよう、喜んでもらおうと、自分史上最高に張り切り、頑張りすぎてしまう……ということがよくあります。それは「毎日朝ごはんとお弁当を作るからね」「出迎えてあげたいから残業はしないぞ！」「やりくりは苦手だけど頑張って貯金しよう！」「自分の担当分はいつも完璧にしたいな」などの家事や家計周りのことであったり、「結婚して良かったって思ってもらえるように、いつも笑顔でいよう」「可愛い奥さんって思われたいからだらしないところは見せないぞ」などのあなたの中の気持ちの部分であったりもします。

彼のために、これからの2人のためにと考えるその気合いは素晴らしいですし、1人や家族で暮らしていたときとは違いますから、新しい意識を持つことは必要です。でも、暮らし始めた最初の時点で自分のキャパ以上に頑張ってしまうと、それが相手にとってあなたのスタンダードになってしまうというリスクも忘れてはいけません。

慣れてきて、ナチュラルモードになったときや頑張れないときに「あれ？」と悪い方のギャップを感じられたら、悲しいですよね。彼が何も思わなかったとしても、あなたの中で負担になっているのにも関わらず、口に出せずいつの間にかやりたいことが義務になってしまうと、心地よい結婚生活とは言えません。

もちろんその都度、相談すれば問題ないのですが……。例えば朝ごはんを作る約束など相手がすごく喜んでくれていることであったり、私がやるよ！と意気込んだものの、実際やってみたら思ったより大変で、早い段階で疲れてしまったりなど、すぐには言いにくいこともあります。

結婚生活は長く続きます。わざと手を抜いた方がいいという意味ではもちろんありませんが、先のことを考えたら、普段よりほんの少し力を抜いた状態をスタンダードだと思ってもらった方が、少し張り切るだけでとっても喜んでもらえたりしてお得だったりします。結婚生活の初期は、普段より無意識に張り切りやすい時期であるということを忘れないように気をつけ、ずっと2人で心地よく暮らしていけるように備えておきましょう。

## ME TIMEを大事にする

ME TIMEは、私が使っている《自分だけの時間》という意味の言葉です。

結婚した後に心地よい関係を守るためには、意識して自分だけの時間、自分自身とだけ向き合う時間を守ることが本当に本当に！大切です。

2人の物理的な距離感の変化は、相手と自分を無意識に同一化してしまうコントロール思考を引き起こします。

生活スタイルによる部分はありますが、結婚後は毎日同じ空間にいることが日常になっていきます。ほんの少しでも工夫して、ME TIMEを最初から取っていくようにしましょう。物理的に一人きりになるのが難しい場合は、耳や目からの情報を遮断するだけでも自分の輪郭がはっきりします。

ME TIMEのヒント

- ●自分だけの趣味を楽しむ時間を持つ
- ●1人でお風呂に入る
- ●トイレの中でのセブンカウント呼吸を習慣にする※195ページ
- ●家事をするときにイヤホンで音楽を聞く
- ●少し早く会社を出て、カフェでパートナーノートと向き合う自分自身があってこその相手との関係です。

## わからなくなったら、いつも〃わたし〃の原点に還ろう

どうしたらいいのかわからない、自分の気持ちがわからない。日々を過ごしていると色々なわからないという気持ちに混乱するときがありますよね。相手がいる恋愛・結婚ならなおさらそうです。

彼に会いに行く？連絡する？

ネットで検索する？

友人に相談する？

占いに行く？

気持ちがわからないときは何かに頼りたくなるものです。

湧き上がった不安は、その不安が強くなればなるほどに焦りとなり、その不安を消そう、無くそうとにかく早く！今すぐに！何かしたくなります。

そんなふうに混乱してわからなくなってしまったときは、一度その「何かしたい！」という最初の初期衝動はグッと抑えて、あなたの中のあなたとコミュニケーションを取り、

《原点》を見つめ直しましょう。

原点とはこの3つ。

①余白はあるか？《今の自分の状態》を見つめ直す
きちんと眠れているか？休息日や自分デートの日は取れているか？スケジュールがやるべきことだけになっていないか？後回しにしていることは溜まっていないか？などをチェック！当てはまるものがある場合は最優先で解消しましょう。悩むのはその後。

②価値観ワークを行い、《自分自身が大切にしたいこと》を見つめ直す
美味しいお茶とお菓子などのんびりできる環境を用意しSELF・LOVEの順で、改めて自分自身と向き合いましょう。内容が変わらなくても、自分の軸がはっきりすることで落ち着きます。

③あなたはそもそも何が目的でどうなりたいのか？《根本的な想いと動機》を見つめ

直す
今目の前にある問題ではなく、そもそもの私の最終的な目的地はどこだったっけ？
なぜそうなりたいんだっけ？を改めて聞いてあげて、想いを取り出してあげましょう。
わからないときこそ、支えてくれるのはその行動の裏にある想いです。

自分の現在地と今の気持ち、原点として大切にしたいことを再認識すると、たとえこうしよう！と明確な答えがすぐ出なかったとしても、落ち着いて自分の選択肢を持つことができるようになってきます。

向き合った結果、どうしたいのかは結局わからないままであってもいいのです。
重要なのは、混乱したときこそ、まずは自分と向き合うこと。

「わからなくなったから、少し落ち着いて考えてみて、また報告するね」など今の気持ちをひとまず共有し、その後、困ったら「一緒に考えてほしい」とヘルプを出すという手もあります。

相手に何かする前にどんなときもまずは自分。外側ではなく、内側にヒントはいつもあります。混乱したときこそ、自分の足元を大切にしましょう。

**昔はもっと優しかったなぁ……って寂しくなったときに思い出してね**

ときには「昔はもっと優しかったのにな」「結婚前は、結婚当初は、○○だったのにな」そんなふうに、退化・後退のように感じることもあるかもしれませんが、子どもが日々成長するように、2人の関係も日々進化していくものです。

付き合いたてのときと、結婚した今、どれだけの時間が経ったでしょうか？時間があまり経っていなくても、今にたどり着くまでは、コミュニケーションを取り、色々な行動をして、関係を進展させてきましたよね。

他の事柄と同じです。例えば、今の仕事を始めて1日目の気持ちと、今の気持ちは違うはず。新しく買った毛布と、買ってからお洗濯を重ねて、肌に馴染んでいる毛布は違うはず。何も変わらないように思える毎日でも、あなたも彼も、それぞれの毎日があり刺激を受け続け、日々進化しているのです。

慣れてくると飽きられると言われたりしますが、関係はずっと同じではないため、過去とは比べようがなく、交際スタート前、交際初期、婚約時、結婚して数ヶ月、結婚して年単位後……異なる状況下で比べることは何の意味もありません。

過去と比べず《今の自分たち》に目を向け【今現在の彼と私でベストな心地よさを作っていく】という視点を持つようにすると、時間の経過と共に、より心地よい関係となっていきます。

過去の方が良く思えて寂しくなったら、「昔みたいに戻るためには？」と考えるのではなく、絆を積み重ねてきた、今現在の自分たちに目を向けて、「今の状況で、ベストな心地よさを作るには？」と向き合う。私も大切にしていることのひとつです。

## 大好きでも、他人であるということをいつも覚えていよう

これまでも幾度となく触れてきましたが……大好きでも、結婚して家族になっても、趣味や価値観が合っても、他人です。

《私と彼は、考え方も、物事の受け止め方も、言葉の使い方も、理解の仕方も全部違う別の人間である》

こうして言葉で書くと当たり前なのですが、ずっと一緒に過ごしていると本当に忘れてしまいます。パートナーシップコミュニケーションにより相手との絆が安定してくるとなおさら、この人は自分のことを何でも、ありのままに理解してくれていると感じます。それが安心感や信頼感に繋がるのですが、それでもやっぱり相容れないところもある他人なのです。

少し冷たく感じるかもしれませんが、これを覚えている・適宜思い出せるか?は、彼だけでなく、あなた自身のこともずっとずっと尊重し続けることに繋がります。

別の人間だから、意見や感覚が違うのは当たり前で
別の人間だから、あなたは覚えていても、忘れることだってあって
別の人間だから、あなたは理解していても、わからないこともあって
別の人間だから、相手に伝わる形で伝える必要がある

私自身も「わかってくれているはず」「伝わっているはず」「理解してくれているはず」と思うのはやめて、「別の人間なんだ」と考えるようになってから、相手とのコミュニケー

ションをより丁寧にしようと思えるようになりました。

ひとつひとつの言葉を、伝え方をおろそかにしていないかな？
違いがあって当たり前ということを忘れていないかな？
いつも気にすると疲れちゃうけれど、時々は大切な彼のために、そして何より自分のために、思い出せる自分でいたいなと思っています。

## 心を込めて、伝える

気持ちの整理の仕方、まとめ方、心構えなど、ここまで、相手に伝わる形に整えるためのことをお伝えしてきました。

「彼に何を言えば上手くいきますか？」と聞かれたら私は「まず、あなたは彼に何を思っていますか？」と答えます。そうしないと、心が込められないからです。言葉は、あなたの気持ちを伝える手段。そして、伝えても受け止めてもらえない、断られるときもあります。相手には相手の自由があるからです。

あなたにも、同じ自由がいつもあります。だからこそ、自分の気持ちを乗せ、心を込めることがお相手にできる最大の礼儀であり愛ではないでしょうか。

相手に何を言うべき?という正解探しから、私のこの気持ちはどう言えば伝わる?に変わったとき、あなたもきっとその心地よさに驚くことと思います。

## あなたを幸せにできるのは世界でたった1人、あなただけ

まだ私が、恋愛に悩んでばかりだった頃、こんなことがありました。

ご結婚され、子どもが生まれた友人のお家に遊びに行ったときのこと。

赤ちゃんを抱っこさせてもらったり、近況を報告し合ったりしている話の中で、私は友人にこんな質問をしました。「どうして今の彼と結婚しようと思ったの?何か決め手があったの?」

彼女の旦那様は、とても優しく素敵な人で、彼女を大切にしていることが伝わってきていましたから、そこに疑問があったわけではありません。ただ、その頃の私にとっては結

婚なんてまだまだ遠い世界の話。興味と憧れからの気持ちでした。

私の質問に、彼女はこう言いました。「優しいとか、大切にしてくれるとかもあるけど……1番は彼を私が幸せにしてあげたいって思ったから」。真っ直ぐにそう話してくれた彼女のその言葉を聞いた当時の私は「なんて素敵なんだろう……」と感動すると同時に、心の中で反射的にこんな違和感を抱きました。

「結婚って男性に幸せにしてもらうためのものじゃないの？」

幸せにしてもらうだけのものではない、そう理屈としてはわかっていたつもりでした。
当時のパートナーのことも、もちろん私なりに大切に思っていました。
それでも
私を愛してほしい。
私に安心を与えてほしい。
だから結婚したい！
満たしてもらうことばかりの自分にその瞬間、はっきりと気が付いてしまったのです。

そしてこの言葉を思い出しました。

「自分を幸せにできるのは自分だけ」よく言われている言葉ですが、当時の私はその言葉を、寂しく、残念な言葉と捉えていました。


みんな自分のことで精一杯で誰も本当に私を幸せになんてしてくれない。

男性に、期待しない方がいい。だから自分を幸せにできるのは（どうせ）自分だけ。


そう思っていました。

でも「私が彼を幸せにしてあげたい」彼女のその言葉を聞いたことで、

「自分のことは自分でまず幸せにしてあげようという意識があるからこそ、誰かのことを幸せにしてあげたいって思えるのかもしれない。」


「自分を幸せにできるのは、自分だけ。それはどうせ誰も幸せにしてくれないから、仕方なくそうするしかないということではなくて、まずは自分自身から自分を大切にしてあげようとするその意識、姿勢そのもののことなのかもしれない……。」

何かとても大切なことに気付かせてもらった気がしました。

誰かから与えてもらえる幸せは温かいものです。

でもそこだけにフォーカスし、自分の幸せを完全に相手に委ねてしまうと、気が付かないうちに、相手に幸せにしてもらうことに執着してしまうのだと気が付きました。

誰とお付き合いしても、結婚しても、自分の人生は自分のものです。

どうせ、という諦めではなく、自分自身の意思で、自分を幸せにできるのは自分だけ、その視点こそが、最愛のパートナーの幸せにも繋がるのだと今は心底実感しています。

# おわりに

## 誰でも今ここから、幸せをクリエイトできる

**あなたも絶対、大丈夫！**

最後までお読みいただき、本当にありがとうございます。


私からこの本を最後まで読んでくださったあなたへの最後のメッセージ。

それは「あなたも絶対、大丈夫！」です。


「最愛のパートナーと心地よく愛し愛される関係を作りたい」

「結婚して、温かい家族が欲しい」

「人生を共にできる相手が欲しい」

この気持ちは他の何かで埋められるものではないと私は考えています。

この本には、そのためのパートナーシップの育て方と、最愛のパートナーを作り絆を温めていく方法を綴りました。

それでも、不安になるときもあると思います。
私はそのたびに何度でも、大丈夫！とお伝えしたいです。

主宰しているハニークリエイトアカデミーの卒業メンバーたちも、ご入学時にはそれぞれ色々な事情をお持ちでした。
周りの皆が結婚し、独身は自分だけ。結婚＝幸せの時代じゃないってわかっていても結婚したい。誰かと夫婦として人生を歩みたい。でもできない。自分には何かが足りないと落ち込む。

結婚相談所に登録して数年、本交際まで進展しない
彼と結婚の話ができない、相手からも何も言ってくれない
付き合っている彼に結婚する気がないと言われた
嫌われたくなくて、顔色を気にすることをやめられない
毎回最初は仲良しでも、そのうちケンカばかりになる

ケンカすると音信不通になってしまう
婚約破棄になって自信喪失
まさに人の数だけ事情があります。
皆様ご入学時には、自信なんてありません。
「自分には、無理かもしれないですが、それでも自分のために一歩踏み出してみたいんです」ご入学時にはよくそんな言葉をいただきます。
ご自身に向き合い、2つのパートナーシップを育てられて、それぞれの幸せを現実にしていく感動的な物語を隣で何度も見せていただきました。
心地よく愛され続けるお付き合いや結婚は、遠くにある特別なものではありません。
あなた自身を大切にし、親友になれるよう行動してあげる
あなた自身の想いを大切にし、相手に丁寧に伝えていく
この世界でたった1人の特別な存在である

あなた自身、そしてあなたの気持ちを大切にするだけで道は開けます

不安で眠れない日があっても
自信なんてひとかけらも見つからない日があっても
自分が大嫌いになる最悪な日があっても
誰かと比べて、足りないところばかりだと否定する日があっても
あなたは大丈夫です。

どんな日も、あなたの物語の中の一部であって、あなたの理想が、叶わない理由にも原因にもなりません。
起きたことは、起きた瞬間からすでに過去。

過去はあなた次第で、未来を照らすための光に、心地よく愛され続ける毎日を始めるための一歩を踏み出す勇気にしていくことが、必ずできます。
あなたはいつからでも、自分の意思ひとつで、今いるその場所から、このときから、あなたのままで、あなたの気持ちから、幸せをクリエイトすることができること、涙を愛に

変えていけることをどうかどうか、忘れないでほしい。そんな思いを込めてこの本を書きました。

この本を出版するにあたり、多くの方にお世話になりました。

最初に、ハニークリエイトアカデミーのメンバーたちに、感謝の気持ちを伝えたいです。皆様いつも本当にありがとうございます。皆さんの愛のストーリーがあってこそ、この本は生まれました。

夢への一歩を踏み出す勇気を下さったワークライフスタイリスト創始者であり作家の宮本佳実様。佳実さんの本に出会っていなければ今の私はありません。

ご縁の大切さを教えてくださったホリスティック薬剤師の宮本知明様、完成までの全ての工程で温かく支えてくださった担当編集の黒沢美月様と株式会社自由国民社の皆様、そして最後に、そこにいるだけで愛と幸せを教えてくれる息子くんと、どんなときも優しく支えてくれる旦那さんに、心からの感謝を。

最後にもう一度だけ。

あなたも絶対、大丈夫。

購入者限定特典をご用意しました。
この本と合わせてあなたが
心地よく愛され続ける力になりますように。

365日満たされる!
# 今日からはじめる自分軸恋愛


2024年5月27日　初版　第一刷発行

著　者　　田邊糸美

発行者　　石井　悟
発行所　　株式会社自由国民社
〒171-0033 東京都豊島区高田3丁目10番11号
電話 03-6233-0781(代表)
https://www.jiyu.co.jp/
印刷所　　横山印刷株式会社
製本所　　新風製本株式会社

 ISBN 978-4-426-12985-9
STAFF
装丁　　株式会社 明昌堂
本文デザイン＆DTP　　株式会社シーエーシー
編集　　黒沢 美月